사람 사는 세상을 꿈꾼 대통령 이야기
# 국민만 섬긴 바보 대통령 노무현

사람 사는 세상을 꿈꾼 대통령 이야기
## 국민만 섬긴 바보 대통령 노무현

2010년 6월 10일 초판 1쇄 발행

지은이 _ 심상우
그린이 _ 김천일
펴낸이 _ 박경희
마케팅 _ 길종형
펴낸곳 _ 하늘을나는교실
디자인 _ 홍영사

등  록 _ 제300-1994-16
주  소 _ 경기도 고양시 덕양구 성사동 727 신원당마을 704-1402
전  화 _ 031)907-4934
팩  스 _ 031)907-4935
이메일 _ hvline@naver.com

ISBN 978-89-963187-3-6  73810
글ⓒ심상우 2010년 Printed in Korea

\* 이 책의 내용은 본사의 허락 없이는 어떠한 형태나 수단으로도 사용하지 못합니다.
\* 책값은 뒤표지에 있습니다. 잘못된 책은 구입처나 본사에서 바꾸어 드립니다.

사람 사는 세상을 꿈꾼 대통령 이야기
# 국민만 섬긴 바보 대통령 노무현

심상우 지음 | 김천일 그림

차 례

가난 속에서도 행복이 · 9

잊을 수 없는 사건들 속에서 · 17

중학교와 고등학교 시절 · 25

여러 가지 일을 하다 · 38

결혼과 고시 공부 · 46

짧은 판사 시절과 유명 변호사 생활 · 57

새로운 삶의 시작 · 80

이의 있습니다 · 102

농부는 밭을 탓하지 않는다 · 114

대한민국 제16대 대통령 노무현 · 125

사람을 위하는 대통령의 길 · 139

고향 봉하 마을로 돌아가다 · 157

너무 슬퍼하지 마라 · 166

지은이의 말 _ 사람 사는 세상을 꿈꾼 큰사람 · 172

노무현 대통령 어록 · 176

노무현 대통령 취임사 _ 평화와 번영과 도약의 시대로 · 180

노무현 대통령이 걸어온 길 · 190

우리나라를 사람 살기 좋은 나라로 만들기 위해 노력한 많은 인물 가운데 중요한 한 사람! 이 책은 노무현 대한민국 제16대 대통령에 대한 이야기입니다.

노무현 전 대통령은 어릴 때부터 수많은 어려움을 이겨내고 열심히 공부했던 분입니다.

노무현 대통령은 원칙과 상식이 통하는 '사람 사는 세상'을 만들기 위해 당당하게 살면서 꿈을 향해 나아갔습니다.
국민을 아끼고 귀하게 여긴 이웃집 아저씨 같은 노무현 대통령의 이야기는 우리 어린이들에게 좋은 귀감이 될 것입니다.

# 가난 속에서도 행복이

경상남도 김해군 진영읍 본산리에서 10리쯤 떨어진 곳에 우뚝 솟은 산이 하나 있다. 마치 달리던 말이 멈춰 선 것 같은 모양을 하고 있는 산이다. 옛날에는 이곳에서 봉화를 올렸다고 해서 사람들은 이 산을 봉화산이라고 불렀다.

그 봉화산 아래에 40여 채의 집들이 옹기종기 모여 있다. 그것은 일본으로부터 해방이 되던 1945년도 마찬가지였다.

해방 이듬해인 1946년 8월 6일(음력)에 우렁찬 소리를 내며 한 사내 아이가 태어났다. 아버지 노판석 씨와 어머니 이순례 씨 사이에서 3남 2녀 중 막내로 태어난 그 아이 이름은 '무현'이라고 지어졌다.

무현이 태어날 무렵 우리나라의 농촌은 어디를 가나 가난했다. 특히 봉화산 아래 봉하 마을은, '까마귀가 왔다가도 먹을 것이 없어 울고 돌아갈 만큼 가난한 동네'였다.

무현이 태어날 무렵 어머니는 꿈을 하나 꾸었다. 아내는 남편에게 꿈 이야기를 했다.

"꿈속에 저의 할아버지가 나타났어요. 할아버지가 하얀 말의 고삐를 넘겨주면서 말을 타고 가라고 하더군요. 그래서 제가 말을 타고 가는데 말이 무척이나 힘이 좋고 소리가 우렁찼어요. 그렇게 한참을 달리던 말이 하늘을 향해 큰소리를 치는 바람에 제가 깜짝 놀라 깨고 말았네요."

아내의 꿈 이야기를 들은 남편은 조용히 미소를 지으며 말했다.

"좋은 태몽을 꾸었네요."

무현은 특별한 병치레 없이 무럭무럭 자랐다. 아버지는 부지런한 농사꾼이었지만 살림 형편은 좋지 않았다. 무현은 다섯 남매 중에서 막내였다. 위로 누나 둘과 형 둘이 있었다. 누나와 형들은 막내인 무현을 잘 보살펴 주었다.

어린 무현은 밥을 먹고 나면 또래들과 어울려 봉화산과 자왕골로 놀러 다녔다. 자왕골은 봉화산에 있는 골짜기로 가야 시대에 어느 왕자가 살았다고 해서 붙여진 이름이었다.

봉화산과 자왕골은 무현과 또래들에게는 빼놓을 수 없는 놀이터였다. 봄이 되면 봉화산에 올라가 진달래를 따 먹거나 칡을 캐서 씹어 먹었다.

무현이 네 살 되던 해, 한국전쟁이 일어났다. 무현이 너무 어렸을 때 일어난 전쟁이라 무현이 기억하는 것은 하나도 없었다. 그러나 전쟁의 피해는 평화롭던 무현의 마을에도 찾아왔다. 3년에 걸친 전쟁으로 사람들은 더욱더 가난해졌으며 인심도 나빠졌다.

전쟁이 끝나던 해인 1953년에 무현은 진영 대창초등학교에 입학했다. 새로운 것에 호기심이 많았던 무현은 학교에 열심히 다녔고, 학교에서 돌아오면 역시 또래들과 어울려 자왕골로 갔다.

"재우야, 자왕골로 와라!"

"오늘은 안 돼."

"왜?"

"소 풀 뜯겨야 해."

재우는 봉하에서 무현과 가장 많이 어울려 다니는 친구였다. 재우가 소에게 풀을 먹이기 위해서 같이 놀 수 없다고 하자 무현이 말했다.

"소 몰고 자왕골로 오면 되잖아."

"아하! 그럼 되겠네."

집에서 소를 키우는 아이들은 소를 몰고 자왕골로 모였다. 아이들은 골짜기 입구에서 소의 고삐를 풀어 놓았다. 그러면 소들은 어슬렁거리며 풀을 뜯어 먹었다.

아이들은 누가 먼저랄 것도 없이 깨끗한 물에 들어가 놀았다. 물놀이가 시들해지면 산사태가 난 곳에서 미끄럼을 타기도 했다. 그렇게 시간 가는 줄도 모르며 노는 것을 좋아한 개구쟁이들은 너무도 평화롭고 행복했다.

하지만 철없이 노는 것만 좋아할 것 같은 무현은 차츰 생각이 깊은 아이가 되었다. 무현은 초등학교 1학년 때 이미 자기네 집이 가난하다는 걸 알았다. 무현은 명랑하고 공부를 잘했지만 가난 때문에 심한 열등감에 사로잡혔다. 가난으로 비롯된 열등감은 초등학교 시절을 보내면서 줄곧 무현을 따라다녔다.

2학년 신학기가 되자, 아이들은 모두 새 학용품을 장만했다. 그러나 무현은 누나에게서 물려받은 찌그러진 필통을 가지고 다녀야 했다. 무현은 그 필통을 볼 때마다 창피하다는 생각이 들었다. 그래서 학교에서 공부할 때는 필통을 책상 위에 꺼내 놓지 않고 책상 아래 넣고 썼다.

무현은 4학년 때 반장이 되었다. 똑똑하고 당찬 무현은 반 친구들에게 인기가 좋았다. 그런데 곧 그 인기가 오래 가지 않을 일이 생겼다.

　무현은 반에서 어리숭한 한 아이와 짝꿍이 되었다. 그 아이는 무현을 좋아하며 따랐다. 어느 날 무현이 말했다.

　"이 필통이 모양은 이래도 네가 갖고 있는 것보다 더 튼튼해."

　"그게 정말이야?"

　"그럼, 이게 더 좋은 거야. 우리 서로 필통을 바꿀까?"

　"좋아, 바꿔!"

　무현은 어리숭한 아이를 꼬여서 필통을 바꾸었다. 그 아이의 것은 온전히 새것이었다. 자신의 헌 필통과 새 필통을 바꾼 무현은 무척 기뻤다. 그러나 그 기쁨은 오래 가지 않았다.

　"반장이 어떻게 그럴 수 있어."

　"무현이가 짝꿍한테 잘해준 건 새 필통을 얻으려고 그런 거야?"

　아이들은 모였다 하면 무현을 따돌리고 듣기 싫은 소리를 했다. 결국 무현은 짝꿍에게 필통을 돌려주고 사과했다.

　그리고 4학년 때는 이런 일도 있었다. 그 당시 아이들은 대부분 책보라고 하는 보자기에 책을 싸들고 다녔다. 그러나 부잣집 아이들 몇몇은 고무와 헝겊으로 만든 가방을 들고 다녔다. 무현은 가방을 들고 다니는 아이들이 부러웠다.

　어느 날 무현이 당번을 맡을 때였다. 당번은 두 명씩 맡아서 했는데 체육시간에 운동장에 나가지 않고 교실을 지켰다. 물을 떠다 놓기도 하고 청소를 하기도 했다. 청소를 하고 있던 무현의 눈에 고급 가방 하나가 눈에 띄었다.

"이야, 이 가방 아주 멋진데……."

무현과 다른 당번 친구는 새 가방을 신기한 듯 바라보았다. 그러다가 무현은 왠지 모를 심술이 생겨 주머니칼로 가방을 쭉 찢어 버렸다. 얼마 뒤 체육시간이 끝나고 아이들이 교실로 들어왔다. 무현은 시침을 뚝 떼며 자기 자리에 얌전하게 앉아 있었다.

"으앙, 이게 뭐야?"

찢어진 가방을 발견한 아이는 울음 섞인 소리로 담임 선생님에게 오늘 아침까지 멀쩡하던 가방이 찢어졌다고 일렀다. 교실에는 한순간 싸늘한 긴장감이 감돌았다.

담임 선생님은 큼직한 회초리를 들고 다니면서 가방을 찢은 아이를 찾아내려고 했다. 무현은 선생님에게 들킬까봐 가슴이 조마조마했다. 하지만 무현은 들키지 않았고 끝내 자신이 한 짓이라고 말하지 않았다.

나중에 어른이 되어 가면서 무현은 '필통 사건'과 '가방 사건'이 문득문득 머리에 떠오를 때마다 부끄러운 생각이 들었다. 필통은 주인에게 되돌려 주어서 덜했지만, 가방을 찢은 일은 그 가방 주인에게 두고두고 미안한 생각이 들어 오랫동안 괴로웠다.

그러한 사건을 겪으면서 무현은 생각했다.

'가난한 것보다 더 부끄러운 것은 잘못된 마음으로 다른 사람에게 피해를 주는 거다.'

# 잊을 수 없는 사건들 속에서

같은 반에서 함께 공부하는 친구들만큼 정다운 사이는 없다. 그러나 그 속내를 들여다보면 친구들 사이에도 보이지 않는 벽 같은 게 있다. 같은 반에 있어도 읍내에 사는 아이들과 무현과 같은 동네에 사는 아이들은 달랐다.

어느 날 학교에 한껏 멋을 낸 아주머니가 찾아왔다.

"저 아주머니가 누구야?"

창문을 넘어다보던 재우가 소리쳤다.

"읍내에 사는 종철이 엄마 같은데……."

"종철이 엄마가 왜 학교에 왔나?"

"선생님한테 인사하러 왔겠지."

그런 이야기를 들을 때마다 무현의 가슴 속에서는 알 수 없는 생각들이 소용돌이쳤다.

'우리 엄마는 기성회비도 제때 못 줘서 학교에 못 온다.'

읍내에 사는 아이들은 대부분 잘살아서 그런지 엄마들이 학교에 자주 찾아와 선생님과 인사도 하고 얘기도 나눴다. 그러나 무현처럼 가난한 동네 아이들에게는 그런 일이 일어나지 않았다.

같은 반에서 공부하면서도 읍내 출신과 시골 출신으로 은근히 패가 갈리기도 했다. 무현은 언제나 시골 출신을 대표하는 역할을 하긴 했지만 마음이 편한 것은 아니었다. 읍내 출신 아이들을 볼 때마다 왠지 모르게 주눅이 들곤 했다.

그런 무현에게 평생 잊을 수 없는 선생님이 6학년 담임을 맡았다. 그 선생님은 신종생 선생님이었다. 신 선생님은 사범학교를 졸업하자마자 처음으로 대창초등학교에 오신 분이었다. 신 선생님은 그 어느 선생님보다 아이들을 열심히 가르쳤다.

가난한 시골뜨기라고 잔뜩 주눅이 들어 있던 무현에게 신 선생님은 용기를 북돋워 주었고 자신감을 심어 주었다.

"학생은 학생답게 공부를 열심히 하는 게 가장 중요한 일이다."

신 선생님은 시간이 날 때마다 그렇게 말씀하시고, 쉬는 날이나 방학 때도 아이들을 불러내 공부를 시켰다. 어떤 날은 학교에서 책을 읽다가 늦어지면 선생님의 자취방에 가서 밥도 먹고 잠도 잤다. 물론 그런 날은 학교에서 봉하로 가는 사람에게 부탁을 해서 집에 알렸다.

　선생님은 거짓말하는 아이나 열심히 공부하지 않는 동무들에게 어쩌다 한 번 혼을 내면 아주 무섭게 야단을 쳤다. 그러나 무현이 벌을 서거나 혼난 기억이 없는 것을 보면 신 선생님에게 큰 사랑을 받은 걸 알 수 있다.

6학년 초에 전교 회장 선거가 있었다.

"우리 반을 대표해서 무현이가 선거에 나갔으면 한다."

선생님의 말씀을 듣고 무현은 깜짝 놀랐다.

"예? 제가요!"

무현에게 전교 회장 선거에 나선다는 건 너무나 겁나는 일이었다. 무현은 4학년 때에 반장을 하지 않겠다고 울고불고 난리를 친 기억이 생생했다. 무현은 한마디로 말해서 수줍음이 많아 남 앞에 나서는 일에 자신이 없었다. 특히 전교 학생들 앞에서 연설을 해야 한다고 생각하니 눈앞이 캄캄해졌다.

무현은 끝내 회장 선거에 나서지 않겠다고 버텼다. 그러자 선생님이 딱 잘라 말했다.

"이런 바보 같은 녀석아, 사나이가 그런 용기도 없으면 무엇에 써!"

그러면서 선생님은 매우 실망한 표정을 지었다. 고개를 푹 숙이고 있다가 선생님을 바라본 무현의 머릿속에는 여러 가지 생각이 떠올랐다.

'선생님이 나한테 너무나 잘해주시는데……. 실망을 시켜 드릴 수는 없겠지. 떨어지더라도 일단 나가 봐야겠다.'

선생님을 생각하며 무현은 이제까지 없던 용기를 냈다.

"선생님, 선거에 나가겠습니다."

그러자 선생님은 무현의 어깨를 토닥여 주었다.

"넌 잘할 수 있을 거야! 너무 긴장하지 말고 즐거운 마음으로 네가 평소에 생각했던 것을 말하면 돼."

처음엔 마지못해 회장 선거에 나설 생각이었다. 그러다가 어느 순간 무현은 이렇게 생각했다.

'이왕 이렇게 된 거 한번 열심히 해보자.'

그렇게 마음먹자 왠지 모를 자신감이 생겼다. 무현은 학생들 앞에서 당당하게 자신의 생각을 말했다. 또래들보다 키가 작아 '돌콩'이라는 별명으로 불리는 것에 대해서도 말했다.

"저는 키가 작아 친구들이 돌콩이라고 부릅니다. 하지만 저는 이 별명이 좋습니다. 돌콩은 야무지고 속이 꽉 찬 좋은 콩이니까요. 제가 여러분을 위해 우리 학교에서 꼭 필요한 돌콩이 되겠습니다."

무현은 태어나서 처음으로 500명이 넘는 학생들 앞에서 당찬 연설을 했다. 연설을 마치자 박수갈채가 쏟아졌다. 무현에게 보내는 박수는 읍내 출신 후보보다 더 우렁찼다.

전교 회장 선거에서 무현은 전체 502표 가운데 302표를 얻어 압도적인 지지로 당선하였다. 그날 이후로 무현은 다른 사람들 앞에 나서서 수줍어하거나 겁내지 않았다. 그 누구 앞에서도 당당하게 자신의 생각을 말하게 되었다.

그러나 전교 회장이 되었다고 6학년 생활이 평탄하게 지나간 것은 아니었다. 무현은 당시 학교 대표로 외부 붓글씨 대회에 나가 상을 받아 왔다. 그러자 무현은 스스로 학교에서 자신이 붓글씨를 가장 잘 쓴다고 자부하고 있었다.

5월이 지난 어느 날 학교에서 붓글씨 대회가 열렸다. 무현은 붓글씨 대회라면 1등할 자신이 있었다. 대회가 시작되었다. 붓글씨 대회 담당 선생님은 글씨를 쓸 화선지를 나눠 주며 주의사항을 알려 주었다.

"화선지 종이는 한 장씩만 준다. 글씨를 잘못 써도 바꿔 주지 않으니 주의해서 써라."

무현은 정성스레 붓글씨를 썼다. 그런데 몇 글자가 마음에 들지 않았다. 다시 쓰고 싶었다. 하지만 종이를 바꿔 주지 않는다는 선생님의 주의사항에 따라 마음에 차지 않는 종이를 그냥 제출했다.

그러다가 무현을 화나게 하는 일이 생겼다. 같이 붓글씨 대회를 치르는 학생 중에 아버지가 옆 반 담임 선생님인 아이가 있었다. 그 아이의 아버지가 시험장에 들어와서 자기 아들이 쓴 글씨가 마음에 들지 않는다면서 종이를 바꿔 주었다. 그 모습을 보자 무현은 억울한 생각이 들었다.

'뭐야? 선생님 아들은 종이를 바꿔 주다니…….'

이튿날 대회 심사 결과가 나왔을 때 무현은 더 화가 났다. 아버지가 선생님인 그 아이가 1등을 하고 무현이 2등이었다. 무현은 그 길로 붓글씨 담당 선생님을 찾아갔다.

"선생님, 이 상은 받지 않겠습니다. 상장을 돌려드리겠습니다."

무현이 선생님에게 2등 상장을 내밀며 말했다.

"왜 그래?"

"저는 붓글씨 대회가 공정하게 치러지지 않아서 결과에 승복할 수 없습니다."

"뭐야? 이 건방진 놈!"

선생님은 무현의 뺨을 세차게 때렸다. 무현은 그 길로 집에 가서 붓글씨 대회에서 일어난 일을 일러바쳤다. 그러자 대학에서 법학 공부를 하던 큰형이 학교에 찾아와 항의하는 소동이 벌어졌다. 그 바람에 무현은 담임 선생님으로부터 처음으로 꾸중을 들었다.

"상장까지 반납하는 것은 문제가 있는 것이다."

자신의 되바라진 행동으로 공연히 담임 선생님까지 난처하게 만들고 말았다. 무현은 그 일이 두고두고 생각났다.

'그때 내가 정말 1등을 할 수 있었던 것일까? 어쩌면 내가 그 아이보다 글씨를 못 썼던 것은 사실이었을 것이다. 똑같은 기회를 주지 않았다고 선생님께 말씀을 드릴 수 있는 것이긴 하지만, 상장을 반납한 것은 지나친 행동이었다. 나는 너무 잘난 척했으며, 나 중심으로만 생각한 것은 아닌지 반성해 보아야 한다. 나는 좀 더 겸손해질 필요가 있다.'

무현의 이런 행동은 여러 가지 생각을 하게 만들었다. 어린 무현이 억울해했던 것은 누구에게나 똑같은 기회를 주지 않았다는 것이었으며, 이에 승복할 수 없다고 곧바로 행동에 옮긴 것은 무현의 성격을 나타내 주는 것이기도 했다.

무현은 그렇게 이런저런 일을 겪으면서 어느새 중학교에 들어갈 나이가 되었다.

# 중학교와 고등학교 시절

초등학교를 마치고 중학교에 들어갈 무렵 가난은 무현의 발목을 잡았다. 당시에는 중학교에 가기 위해서는 입학시험을 치러야 했다. 무현이 읍내에 있는 진영중학교에 시험을 치고 오자 어머니는 깊은 한숨을 푹푹 내쉬고 있었다.

"어휴, 우리 막내 입학금을 어찌 마련할꼬?"

하루하루 먹고 살아갈 끼니를 걱정해야 할 형편에서 중학교 입학금은 엄청난 부담이 되었다. 어머니는 하는 수 없이 여기저기로 돈을 빌리러 다녔지만 다들 가난한 동네라서 마땅히 돈을 빌릴 만한 곳이 없었다. 그런 집안 사정을 훤히 알고 있는 무현은 몹시 우울했다.

그때 한 친구가 무현에게 말했다.

"내가 들었는데 먼저 책값만 내고 입학금은 나중에 내는 방법도 있대."

그러면서 친구는 중학교 선배 가운데 몇 사람이 그렇게 학교에 다니고 있다고 알려 주었다. 무현과 어머니는 곧바로 중학교에 찾아가서 교감 선생님을 만났다.

"교감 선생님, 저희 집 형편이 좋지 않아서 그러니 우선 책값만 내고 입학금은 여름 복숭아 농사를 지어서 내면 안 되겠습니까? 우리 아들 입학 좀 시켜주십시오."

어머니는 교감 선생님에게 애원하듯이 사정을 했다. 그러나 교감 선생님은 단호하게 말했다.

"입학금을 안 내고 학교에 들어올 수는 없습니다. 이 애는 공부하느니 농사일이나 배우는 게 낫겠군요."

교감 선생님의 말씀을 듣는 순간, 무현은 자신도 모르게 울컥하여 말했다.

"그럼 교감 선생님 아들은 왜 공부를 시킵니까?"

무현이 따지듯이 말했지만 교감 선생님은 꿈쩍도 하지 않았다. 어머니가 몇 번을 더 통사정을 했지만 교감 선생님은 계속해서 안 된다고 했다. 그러면서 무현의 큰형 이야기까지 나오게 되었다. 무현의 큰형은 부산에서 법학대학을 나왔지만 아직 취직을 하지 못하고 있는 걸 교감 선생님도 알고 있었다.

"큰아드님이 대학을 다니고도 백수건달로 있지 않습니까? 그러니 자식들 공부시켜서 무얼 하겠습니까?"

그 소리를 듣자 어머니는 서럽고 분한 생각이 들어 교감 선생님 앞에서 펑펑 울기 시작했다. 그러면서도 어머니는 어떻게 해서든지 아들을 중학교에 보내기 위해 교감 선생님에게 대들지 못하고 계속 울면서 매달렸다.

이때 옆에서 아무 말 없이 지켜보고 있던 무현이 입학원서를 북북 찢어버렸다.

"어머니, 집에 가요. 나 이 학교 안 다녀도 좋아요!"

그러면서 무현은 교실 밖으로 뛰쳐나갔다. 뒤에서 교감 선생님이 혀를 끌끌 차면서 말했다.

"저런 버릇없는 놈. 저런 놈은 애써 공부시켜 봐야 깡패밖에 안 되지!"

그런 말을 들으면서도 어머니는 싫은 소리를 못하고 교감 선생님에게 계속 매달렸다. 밖으로 나온 무현은 더욱 분한 생각이 들었다. 다시 교실 안으로 들어가 어머니의 팔을 끌고 나오며 소리쳤다.

"이 학교 아니면 학교가 없나요. 빨리 나가요!"

그렇게 한바탕 난리를 치르고 집에 돌아오자 집안 분위기는 말이 아니었다. 이야기를 전해들은 큰형은 난처한 얼굴을 했다.

"형이 아직 취직을 못해서 우리 막내한테 면목이 없구나! 하지만 무현이 중학교엔 꼭 다니게 해줄게."

그리고 다음날에는 큰형이 교감 선생님을 찾아가 한바탕 소란을 피웠다.

'공부를 해봐야 깡패밖에 안 된다'고 한 말을 문제 삼겠다고 하자 오히려 교감 선생님의 입장이 난처하게 되었다.

결국 무현은 그런 일을 겪고 중학교에 입학하였다. 사실 당시엔 진영 같은 시골에서 초등학교를 마치고 중학교에 입학하는 학생은 채 절반도 안 되었다. 하지만 어머니와 큰형은 아무리 집안이 가난해도 학교에는 다녀야 한다는 믿음으로 똘똘 뭉쳐 있었다. 만약 그때 무현이 중학교에 다니지 않았더라면 그 뒤의 삶도 많이 바뀌었을 터였다.

그렇게 우여곡절을 겪으며 중학교에 입학해서인지 무현은 왠지 주눅이 들어 있었다. 매사가 불안하고 모든 것이 서먹서먹하기만 했다.

1학년 담임 선생님이 반장을 지명할 때, 아이들은 모두 무현이가 반장이 될 거라고 했다. 그러나 선생님은 다른 아이에게 반장을 맡겼다. 왠지 심통이 난 무현은 가끔 시골 친구들을 꼬드겨 걸핏하면 반장에게 시비를 걸기도 했다.

그런 무현이 중학 시절에 잊지 못할 사건을 하나 일으키고 말았다. 1학년 2학기가 끝나가던 어느 날이었다. 선생님은 '우리 이승만 대통령'이라는 제목으로 글짓기를 하라는 지시를 내렸다.

무현은 그때 어린 나이였으나 그것은 정당하지 못한 일이라고 생각했다. 선거를 앞두고 이승만 대통령을 위해 미리 선거운동을 하는 것이라고 여겼다.

이승만 대통령은 옛날에는 나라를 위해 독립운동을 하여 초대 대통령이 되었으나, 계속해서 독재를 하며 평생 대통령을 하려고 한다는 이야기를 어른들로부터 귀동냥으로 듣고 있었다.

무현은 친구들에게 백지동맹을 하자고 선동했다. 아무런 글도 쓰지 말고 백지를 내자고 부추긴 것이었다. 교실 분위기는 엉망이 되었다.

결국 무현은 교무실로 불려가 벌을 서게 되었다. 많은 아이들이 백지를 내서 교무실에서 벌을 섰다. 무현은 특히 백지동맹을 주도한 것으로 찍혀 다른 아이들보다 더 오래 벌을 서야 했다.

무현은 억울한 생각이 들었다. 그러다가 벌을 세운 지도주임 선생님이 다른 일로 바쁜 틈을 이용해서 그냥 집으로 돌아와 버렸다.

"무현아, 책가방은 어디 두고 오냐?"

큰형이 물었다.

무현은 억울한 생각이 들어 큰형에게 그날 있었던 일을 모두 말했다. 그러자 큰형이 야단을 쳤다.

"잘못한 게 없으면 끝까지 당당하게 버티고 와야지. 왜 살그머니 도망을 오냐?"

"……."

"선생님이 글을 쓰라고 하면 잘난 척하지 말고 쓰든가, 그게 아니고 옳지 않은 일이라 싸워야 한다고 생각했으면 끝까지 싸워야지, 도망쳐 온 것은 비겁한 거야!"

큰형의 말은 무현에게 깊은 인상을 남겼다.

다음날 아침, 무현은 가기 싫은 학교에 가느라 미적거리다가 지각을 했다. 다른 친구들도 그런 마음이었는지 많이 지각을 했다. 주임 선생님은 다른 지각생은 그냥 보내고, 무현을 선생님의 사택으로 데려갔다.

"반성문을 써라."

주임 선생님은 딱 한마디만 했다. 무현은 백지동맹을 하게 된 내용만 쓰고 잘못했다는 말은 한마디도 쓰지 않았다. 주임 선생님은 무현이 쓴 반성문을 읽어 보고 혼잣말을 했다.

"이 놈, 참으로 조그만 놈이 자존심은 상당히 세네!"
그러면서 주임 선생님은 무현에게 물었다.
"너, 이승만 대통령이 어떤 분인지 알기는 하냐?"
무현이 대답했다.
"옛날에는 독립운동을 한 훌륭한 분이었으나 지금은 독재 정치를 하고 있는 분입니다. 독재는 나쁜 것이라고 생각합니다."
그러자 주임 선생님은 얼굴을 찡그리며 놀라는 표정을 지었다.
"너 참 맹랑한 녀석이구나. 조그만 게 뭘 안다고 그런 소릴 해? 누가 그렇게 가르쳐 줬냐?"
"어른들이 하는 말씀을 들었는데 저도 그렇게 생각합니다."
그러자 주임 선생님은 눈을 몇 번 껌뻑거리다가 별다른 소득이 없겠다 싶었는지 부드러운 말투로 타이르듯 말했다.
"무현아, 네가 그런 말을 한다고 세상이 달라질 것 같으냐? 네 장래를 봐서 용서해 주는 것이니 잘못을 시인하고 용서를 비는 반성문을 다시 쓰도록 해라."
그러나 무현은 끝끝내 반성문을 쓰지 않았다. 주임 선생님이 몇 번이나 더 달랬으나 무현은 끝까지 버텼다. 결국 주임 선생님이 손을 들었다. 무현은 퇴학을 당하지도 않았고 더 이상 벌을 서지도 않았다.

그 일은 어린 무현에게 옳은 일을 위해서는 당당히 배짱을 가져야 한다는 걸 가르쳐 주었다. 나중에 어른이 되어서도 무현이 두둑한 배짱을 부릴 수 있었던 것은 어린 시절에 알게 모르게 이미 싹튼 이러한 정의감 때문이었다.

이런저런 사건을 만들기도 했지만 중학 시절 무현은 공부를 잘했다. 중학교 2학년 때 '부일 장학생' 시험에 합격했는데, 이것은 시골 중학교에 큰 경사를 안겨 주는 일이었다.

"무현이 공부를 잘하긴 잘해. 부일 장학생이 된다는 건 대단한 일이야!"

"아무렴, 이건 진영중학교의 경사야!"

선생님과 학생들은 무현에게 칭찬을 아끼지 않았다. 부일 장학회는 당시 부산일보 사장을 하던 김지태 선생이 만든 우리나라 최초의 장학재단으로 가장 규모가 큰 것이었다.

그러나 중학교 3학년이 되자 또 걱정이 앞서기 시작했다. 역시 가정 형편이 나아지지 않아 더 많은 돈이 드는 고등학교에 가기 어려워졌다.

'공무원이 돼야겠다.'

무현은 고등학교 진학을 포기하고 5급 공무원(현재 9급 공무원) 시험을 보아야겠다고 다짐하고 책을 사다가 공부를 했다. 그러나

이 사실을 알게 된 큰형이 펄쩍 뛰었다. 큰형은 나무라듯이 타이르며 말했다.

"부산상업고등학교는 공립학교야. 공부를 잘하면 동문회 장학금을 받을 수 있어. 고등학교에 가지 않겠다는 생각은 절대 하지 마라. 무현이 너는 잘할 수 있어."

큰형이 우겨서 무현은 부산상업고등학교 입학시험을 쳐 당당히 합격하고 장학금도 받게 되었다. 당시 부산상고에는 시골 출신들이 많았다. 많은 학생들이 장학금을 받을 수 있었으며 졸업을 하면 은행에 취직을 할 수 있었다. 모두들 그런 꿈이 있었기에 열심히 공부했다.

그런데 고등학교 1학년과 2학년 초까지 열심히 공부하던 무현이 언제부터인가 차츰 친구들과 자주 어울려 술을 마시고 담배를 피우기 시작했다. 사춘기 반항이 시작된 것이었다. 성적은 점점 떨어져 중위권에도 들지 못했다.

무현이 공부하는 것에 대해 아무런 말을 하지 않던 부모님이나 큰형도 차츰 걱정하기 시작했다. 그렇게 고등학교 2년이 흘러갔다.

3학년이 된 어느 날 무현은 생각했다.

'내가 이렇게 살면 안 돼. 아버지, 어머니는 모두 환갑을 넘으시도록 여전히 고생을 하셔. 고구마 순을 팔아 겨우 생계를 이어가는

형편이잖아. 내가 지금처럼 마냥 한가롭게 방황만 하고 있어서는 안 된다고.'

무현은 방학 중에 집으로 갔을 때, 메밀 죽으로 저녁을 때우던 집안 풍경을 잊을 수 없었다.

'고등학교를 졸업하면 내가 부모님을 모셔야지.'

무현은 그렇게 생각하고 마음을 다잡았다. 그리고 뒤늦게 농협에 취직하기 위해 공부를 했다. 그러나 경상남도에서 한 명을 뽑는 시험에 떨어지고 말았다.

졸업 때가 되자, 학교에서 직장을 추천해 주었다. '삼해공업'이라는 그물을 만드는 회사였다. 무현을 포함해서 네 명이 그 회사에 다니게 되었다. 아직 졸업을 하기 전이라 교복을 입고 근무를 했다.

어느 날 회사 상무가 네 명을 부르더니 교복을 벗고 다른 옷을 입고 회사에 나오라고 했다. 무현은 새 옷을 살 돈이 없어서 친구에게 한 벌을 빌려 입었다. 그러나 만날 같은 옷을 입고 출근하는 것이 창피해서 나중엔 친구들끼리 서로 돌려 입기도 했다. 길거리에서 싸구려 구두를 한 켤레 사 신고 다녔는데 비만 오면 물이 새서 질척거렸다.

그렇게 직장인이 되어 한 달쯤 뒤 드디어 첫 월급이 나왔다. 그런데 그 첫 월급으로 받은 돈이 겨우 2,700원이었다. 아무리 실습 기간이라지만 한 달 하숙비도 안 되는 돈이었다. 돈을 벌어 부모님을 모시겠다는 바람을 이루기에는 너무도 턱없이 모자란 돈이었다.

같이 회사에 들어간 친구들 네 명이 모여 회사를 그만두자고 이야기를 나눴다. 사장을 찾아가 직장을 그만두겠다고 하자 사장은 무현과 친구들을 말렸다.

"다음 달부터는 4,000원으로 올려줄 테니 계속 일을 해주게."

결국 두 명은 그대로 남겠다고 하고 무현과 한 친구는 조금 더 일하다 첫 직장을 그만두었다. 무현은 한 달 반 동안 더 일해서 받은 6,000원을 들고 무엇을 할까 고민했다.

새 구두를 하나 사 신을까 하고 망설이다가 기타를 하나 샀다. 그리고 공부에 필요한 책 몇 권을 사고 나머지는 술 마시고 영화 보는 데 다 써 버렸다.

무현은 자신의 처지를 확 바꾸고 싶었다. 그러기 위해서는 명예를 얻고 돈을 벌 수 있는 일을 찾아야만 했다. 그래서 얻은 결론이 '사법시험 합격'을 목표로 하는 것이었다. 사법시험에 합격하면 판사나 검사는 물론 변호사를 할 수 있다. 판사, 검사, 변호사는 누구나 한 번쯤 해보고 싶어 하는 직업으로 명예와 돈을 함께 얻을 수 있었다.

　무현은 독학으로 사법시험 준비를 한다는 것이 아주 어려운 일인 것을 알고 있었다. 하지만 그것이 아무리 어려워도 무현은 헤쳐 나갈 자신이 있었다.

　그리고 무현은 부산을 떠나 고향 진영으로 내려갔다. 무현이 사법고시 공부를 본격적으로 하겠다고 결심한 것은 그 순간이었다.

# 여러 가지 일을 하다

    고향집으로 내려온 무현은 작은형과 함께 마을 건너편 산기슭에 작은 토담집을 하나 지었다. 작은형도 직장을 다니다가 새 직장을 구하기 위해 집에 머물고 있었다.

    무현은 산에서 구들도 직접 떠 나르고 돌을 주워 날랐다. 밤에는 남의 집 산에 가서 소나무를 베어 서까래를 올리고 볏짚도 몇 단 얻어다 지붕을 올렸다. 어느새 작지만 근사한 집이 만들어졌다.

    무현은 자신이 지은 집에 '마옥당(磨玉堂)'이라는 이름을 붙였다. '마옥당'은 '옥을 가는 집'이라는 뜻으로, 학문을 갈고 닦겠다는 의지를 담은 이름이었다. 무현은 마옥당에서 고시공부를 시작하였다.

스무 살 청년, 무현에게 사법고시는 도전해야 할 가장 중요한 목표가 되었다. 하지만 막상 공부를 하려 하자 힘든 일이 많았다. 어려운 가정 형편을 너무도 잘 알고 있는 터에 공부가 제대로 될 리 없었다.

부모님이 실망스러워하는 모습을 보는 것은 무척 괴로운 일이었다. 얼마 전까지만 해도 어머니는 동네 사람들에게 막내아들 무현이 상고만 졸업하면 은행에 취직을 할 거라며 은근히 자랑을 하고

다니다가, 아들이 집에 와서 빈둥거리고 있으니 체면이 말이 아니었다.

책 살 돈도 없이 그저 시간만 보내며 빈둥거리는 자신의 모습을 보고 있으려니 무현은 견딜 수 없었다. 그래서 결국 그 해 여름 친구를 따라 울산으로 막노동을 하기 위해 떠났다.

사람들 사이에서 울산에만 가면 누구든지 돈을 벌 수 있다는 소문이 무성하던 시절이었다. 무현은 '한국비료공사'에서 친구와 함께 막노동을 했다.

하루 품삯은 180원이었다. 식당의 콘크리트 바닥에 가마니를 깔고 그 위에 자리를 만들어 잠을 잤다. 하루 세 끼를 먹는 데 105원이 들었다. 따라서 밥값을 치르고 나면 겨우 75원이 남았다. 그나마 일거리가 없어 하루 일하고 이틀을 쉬는 날이 많았다. 식당에 외상 밥값이 자꾸 쌓여만 갔다. 밥값이 많이 밀려 식당에 갈 때마다 눈치가 보여 어떤 날은 꼼짝없이 굶기도 했다.

공사 현장 옆에는 커다란 배 밭이 있었다. 무현과 친구는 배 밭에 몰래 들어가 배를 따 먹기도 하고 닭을 서리해서 잡아먹기도 했다. 배 밭 주인이나 닭 주인에게 붙들리면 꼼짝없이 도둑 신세를 면하기 어려운 지경까지 되었다.

그러다가 하루는 공사장에서 큰 못에 발을 찔려 더 이상 일을 할 수 없게 되었다. 다시 고향으로 돌아가려 하니, 그 동안 밥값이 2,000원이나 밀려 있었다. 도망을 치는 수밖에 없었다.

일하러 나간다고 거짓말을 하고 식당주인 몰래 울산역으로 내달렸다. 그때 울산역으로 들어서는 무현의 뒤통수는 너무도 화끈거리고 서러운 생각까지 들어 몹시 우울했다.

아픈 발을 이끌고 집에 돌아온 무현은 작은형과 함께 돈 벌 궁리를 했다. 이런저런 생각을 하다가 무현이 말했다.

"우리 집 뒷산에 감나무를 심는 건 어떨까요?"

"근데 묘목은 어디서 구하냐?"

궁리 끝에 두 사람은 김해 농업 시험장에 몰래 들어가 감나무 묘목을 가져오기로 했다. 그때 훔친 묘목을 신문지에 싸 들고 들어왔다. 그런데 집에 와서 신문지를 펴놓고 보니 눈에 확 들어오는 것이 있었다.

'사법 및 행정요원 예비시험'이 있다는 공고가 그 신문에 실려 있었다.

무현이 고시공부를 하던 그 당시에는 대학 2학년 이상의 과정을 마쳐야만 고시를 치를 수 있었다. 무현처럼 고등학교만 나온 사람은 예비시험을 거쳐야만 고시에 응시할 수 있었다.

"형! 나 아무래도 예비시험 공부를 해야겠어."

"그래, 다시 해보렴!"

무현은 그렇게 해서 두어 달 동안 집중해서 공부를 했다. 발이 아파 돌아다니지 않고 하루 종일 마옥당에 틀어박혀 열심히 공부했다. 그렇게 부랴부랴 다시 공부를 해서 그 해 11월 부산에서 예비시험을 보았다. 10개 과목을 시험 보았는데 그럭저럭 잘 본 것 같았다.

시험을 보고 온 그다음 날 다시 울산으로 갔다. 한가하게 시험 결과만 기다리고 있을 처지가 아니었다. 울산에 달리 아는 데도 없어 밥값을 떼어먹고 도망쳤던 그 식당으로 찾아갔다. 식당 주인은 뜻밖에도 잘 돌아왔다며 반갑게 맞아 주었다.

그 뒤부터 일거리도 늘어나고 하루 품삯도 올라 220원을 받았다. 야간에 일을 하면 280원을 받기도 했다. 그런데 전에 식당에 떼어먹은 밥값을 다 갚고 4,000원 정도 되는 돈을 모았을 때, 무현은 또 다시 사고를 당하고 말았다.

작업 도중에 큰 나무에 얼굴을 얻어맞아 입술이 찢어지고 이가 부러져 병원에 입원하는 신세가 되었다. 너무나 불운하고 삶이 원망스런 상황이었다. 통통 부은 입술을 꿰매고 겨우 정신을 차렸을 때, 뜻밖에 친구가 신문을 보여 주며 말했다.

"이것 좀 봐라. 이거 무현이 네 이름이 맞지?"

"뭐……. 어, 정말이네."

무현은 예비시험 합격자 명단에 자신의 이름이 올라가 있는 것을 보았다. 너무나 감격스러워 가슴 속으로 뜨거운 눈물이 흘렀다. 막노동판에서 몸까지 다쳐 깊이 괴로워하고 있던 상태에서 예비시험 합격은 자신을 구원해 줄 한 줄기 빛이었다.

뒷날 무현은 그때의 심정을 이렇게 말했다.

"막노동을 하다가 다쳐 거지 같은 꼴을 하고 병원에 누워 있던 처량한 신세였는데……. 예비시험 합격 소식은 얼마나 감격스럽고 가슴 벅찼는지 그 누구도 당시의 내 심정을 알 수 없었을 것입니다."

그러나 그 뒤 사법시험 제도가 바뀌어서 예비시험 합격은 아무런 쓸모가 없게 되었다. 누구나 학력에 관계없이 예비시험을 보지 않고 사법시험에 응시할 수 있게 된 것이다.

그리고 병원 생활을 하면서 무현은 치료비 때문에 큰 걱정을 해야만 했다. 어렵게 일을 해서 겨우 모아 놓은 4,000원을 다 날려 버릴 것만 같았다. 그때 한 친구가 찾아와 말했다.

"병원비 걱정은 하지 마라. 산업 재해 처리를 하면 된다."

"뭐? 산업 재해 처리?"

무현은 그때 처음으로 '산업재해보상'이란 제도가 있다는 걸 알게 되었다. 법을 공부하면서도 실제 생활에서 필요로 하는 일은 까맣게 모르고 있었던 것이다. 나중에 무현이 산업재해 전문 변호사가 된 것을 보면 이때의 경험이 많은 작용을 했을 것이다.

무현은 누가 뭐래도 막노동판에서 인생을 배웠다.

사람이 환경에 따라 어떻게 거칠어지고 예의가 없어지는지 알게 되었다. 공사장에서 만난 사람들은 걸핏하면 싸움도 하고 험한 욕을 하는 것을 보고, 사람에게는 환경이 참으로 중요하다고 느꼈다.

퇴원을 한 무현은 예비시험에 합격했으니 본격적으로 사법시험을 준비해야겠다고 다짐하고 고향으로 돌아왔다. 공사판에서 사고로 다쳐 부러진 이 두 개를 거울에 비춰 볼 때마다 새로운 각오를 다지게 되었다.

'나는 어떻게 하든지 반드시 사법시험에 합격하고야 말 테다.'

# 결혼과 고시공부

막상 다부진 결심을 하고 집으로 돌아와 고시공부에 매달렸지만 집중이 되지 않았다. 특히 큰형은 법과대학을 나오고도 사법시험을 어려워하며 고시공부를 포기한 것을 보니, 무현도 자꾸만 움츠러들게 되었다.

돈도 벌지 못하고 공부도 크게 나아지지 않자 무현은 점점 초조해지기 시작했다. 그러던 어느 날, 군대에 입대하라는 징집영장이 나왔다.

"머릿속도 복잡한데 마침 잘됐네. 군대 가서 좀 더 강한 사람이 돼야지!"

무현은 군대라는 도피처가 생긴 것 같아, 낯선 곳에 가는 부담을 느끼기보다 오히려 다행이라 여기고 훈련소로 향했다.

　1968년 2월 무현은 육군으로 입대하여 강원도 인제에서 소총수로 복무했다. 군대에서는 여러 가지 복잡한 생각을 하지 않아 좋았다. 군대에서도 공부를 하고 싶은 마음이 없었던 것은 아니지만 3년 내내 영어 단어 하나 제대로 외우지 못하고, 육군 상병으로 1971년에 만기 제대를 했다.

　군대 3년은 그냥 흘러가는 세월만은 아니었다. 무현의 몸과 마음을 더욱 야무지고 튼튼하게 만들어 주었다.

　무현이 제대를 하여 집에 돌아왔을 때, 집안 사정은 많이 좋아져

있었다. 큰형과 작은형이 공무원 시험에 합격하여 어엿한 직장인이 되어 있었고, 지긋지긋하던 가난의 굴레를 벗어난 듯 보였다.

무현은 마옥당을 새로 고치고, 새로운 마음으로 고시공부에 매달렸다. 3년 만에 잡아 보는 법률 책의 내용이 어제 바로 읽은 듯 새록새록 떠오르고 예전에 몰랐던 것들이 너무도 쉽게 이해가 되었다. 어머니는 날마다 장독대 옆에 정화수를 떠 놓고 막내아들의 사법시험 합격을 빌었다.

그렇게 열심히 공부하고 있을 때, 무현은 한 동네에 사는 대창초등학교 동창인 권양숙을 만났다. 양숙은 그 당시 고등학교를 졸업한 뒤 부산에서 직장생활을 하고 있어서 무현과는 만나기 힘든 상태였다. 하지만 그때 양숙은 건강이 좋지 않은 할아버지를 돌보기 위해 잠시 고향에 내려와 있었다.

무현과 양숙은 이미 서로에 대해 어느 정도 알고 있었다. 무현은 고등학교에 다닐 때 봉하에 와서 가끔씩 양숙과 마주치면 왠지 모르게 마음이 설레곤 했다. 그러나 한없이 수줍음 많고 숫기 없는 무현이 콧대 높은 양숙에게 먼저 말을 붙이지는 못했다.

양숙이 가끔 먼저 아는 척을 해주는 걸 고마워했을 뿐, 무현은 은근히 양숙을 짝사랑하고 있었다. 그런 그녀를 제대한 뒤 고향마을에서 다시 만났다. 양숙을 다시 본 순간 무현의 가슴은 설렘을 넘어 두방망이질 치고 있었다.

무현은 용기를 냈다. 이제는 군대까지 다녀온 씩씩한 젊은이로서 짝사랑만 하고 있을 수는 없었다. 무현과 양숙은 서로에 대해 잘 알고 있는 터라 금세 친해질 수 있었다. 그리고 이내 사랑하는 사이가 되었다.

두 사람은 밤이 깊도록 마을 앞 화포천 둑길을 거닐며 사랑을 키워 나갔다. 여름에는 밤하늘을 아름답게 수놓은 은하수에 대해 이야기를 하고, 가을에는 황금빛 들판을 거닐며 서로의 사랑에 대해 깊은 믿음을 갖게 되었다.

두 사람은 어느 순간 결혼 이야기를 하게 되었다. 그러나 막상 결혼 이야기가 나오자, 양쪽 집안의 반대가 너무도 심했다. 양숙의 어머니는 무현을 아주 못마땅해 했다.

"서울대 법대를 나와도 힘든 사법고시를 부산상고밖에 안 나온 시골뜨기가 합격하겠다고 덤비는 한심한 녀석이야!"

양숙의 어머니 입장에서는 무현이 처자식을 굶길 한심한 사람으로밖에 보이지 않았다. 게다가 죽기 살기로 공부해도 합격할까 말까 한데 무현은 열심히 공부하는 것 같아 보이지도 않았다.

결혼을 반대하는 것은 무현의 집에서도 마찬가지였다. 무현의 재주를 철석같이 믿고 있는 가족들은 무현이 언젠가 틀림없이 고시에 합격할 것이라고 여겼다.

"무현이는 사법시험에 꼭 합격할 게다. 결혼은 그다음에 학벌도 좋고 집안도 좋은 아가씨랑 하면 돼."

가족들은 평범해 보이는 양숙을 맘에 들어 하지 않았다. 그러나 드러내 놓고 말은 하지 않았지만, 가족들이 양숙을 무현의 결혼상대로 받아들일 수 없는 이유는 따로 있었다. 양숙의 아버지가 좌익 운동을 하다가 감옥에서 사망했다는 사실이었다.

당시에는 범죄자와 관련이 있는 친족에게도 형사 책임을 묻는 연좌제가 있었다. 무현이 양숙과 결혼하여 사법시험에 합격한다면 연좌제 때문에 공무원인 판사나 검사가 되지 못할 것이기에 무현의 가족들은 반대를 하고 나섰다.

하지만 집안의 반대가 심하면 심할수록 두 사람의 사랑은 깊어져만 갔다. 결국 두 집안의 어른들은 두 사람에게 지고 말았다. 마침내 무현과 양숙은 1973년 1월, 1년 간의 연애 끝에 결혼식을 올렸다.

무현은 결혼을 하고 나서 더욱 더 열심히 고시공부에 매달렸다. 결혼한 다음 해 아들 건호가 태어났다. 무현은 아내와 아들을 바라보며 더욱 더 결심을 굳게 가졌다.

무현은 고시공부에 집중하기 위해 김해 불모산에 있는 장유사라는 절에 들어가 공부를 했다. 방안에는 '수석 합격'이라는 글자를 써 붙여 놓았다.

무현이 그렇게 열심히 공부하고 있을 때, 뜻밖에 커다란 불행이 찾아왔다. 무현이 그렇게도 좋아하고 정신적 기둥으로 삼고 있던 큰형이 불의의 교통사고를 당해 세상을 떠나고 만 것이다. 무현은 마른하늘에 날벼락을 맞은 것 같았다.

'아! 큰형님이 이렇게 허무하게 돌아가시다니!'

무현은 도무지 그 사실이 믿기지 않았다. 화장을 해서 한 줌 재로 변한 큰형의 유골을 산에 묻고 돌아올 때는 눈앞이 캄캄해졌다. 무현에게 큰형은 인생의 등불이나 마찬가지였다. 무현은 어릴 때부터 부산대 법대를 나와 고시공부를 하던 큰형에게서 커다란 영향을 받았다.

무현이 사법고시에 매달리게 된 것도 큰형의 영향이었다. 큰형 자신은 비록 사법고시에 합격하지는 못했지만 무현은 할 수 있다고 언제나 격려를 해주었다. 그런데, 그런데…….

큰형이 세상을 떠나고 난 뒤부터 무현에게는 이상한 증상이 하나 생겼다. 자꾸만 가슴이 답답하고 목구멍으로 무언가 치밀어 올라 우유와 달걀 외에는 아무것도 먹지 못했다. 공부를 하려고 책을 펼쳐 들면 가슴이 울렁거리고 숨이 점점 가빠졌다.

'수석 합격'이라고 써 놓은 종이를 물끄러미 바라보며 무현은 얼마 동안 멍한 상태로 있기도 했다. 책장을 넘기면서도 문득문득 삶과 죽음에 대한 생각이 일어나 도무지 공부가 되지 않았다.

'이대로는 안 되겠다. 뭔가 특별한 변화를 주어야겠다.'

무현은 그렇게 생각하고, 장유사에서 책을 싸 들고 나와 봉하 집으로 돌아왔다. 그리고 날마다 집에서 마옥당으로 출퇴근하는 기분으로, 낮에는 마옥당에서 공부하고 밤에는 집으로 돌아오는 생활을 반복했다.

무현은 밤에 아기가 울면 달래 주고 기저귀도 갈아주면서 밤이 늦도록 아내와 두런두런 이야기를 나누며 지냈다. 아내는 남편이 힘들어하면 할수록 더욱 더 열심히 뒷바라지를 해주었다. 무현은 차츰 안정이 되어 독하게 마음먹고 공부했다.

'큰형님의 꿈이었고 나의 꿈인 고시에 합격하는 것 외에 내게 다른 길은 없다.'

그것은 마치 전쟁터에서 배수의 진을 치고 싸우는 장군과도 같은 심정이었다. 그렇게 열심히 공부했지만 무현은 그 해 시험에서 낙방을 하고 말았다.

무현은 사법고시에 세 번째 응시했으나 또 떨어지고 말았다. 그러나 무현은 결코 좌절하지 않았다. 비록 떨어지긴 했지만 자신의 점수가 분명 나아지고 있었으며, 조금만 노력하면 분명히 합격할 수 있을 것 같았다.

무현의 목표는 한결같이 뚜렷했다. 한 순간도 꿈과 목표를 잊은 적이 없었다.

1975년을 맞는 무현의 느낌은 남달랐다. 무현이 고시공부를 하겠다고 결심한 지 어언 9년이 되는 해였다. 새해를 맞은 지 얼마 되지 않아 사법시험을 쳤다. 시험을 치르면서 이번에는 어쩌면 합격할 것 같은 예감이 들었다.

3월 27일. 하루 전날 무현은 무슨 일인가로 아내와 약간의 부부싸움을 한 터라 조금은 기분이 상한 채 잠깐 낮잠을 잤다. 사실 그날은 합격자 발표 날이었다.

무현이 얼핏 잠이 든 것 같았는데 한 친구가 헐레벌떡 집안으로 들어서며 소리쳤다.

"무현아, 무현아, 네가 됐어!"

"뭐가 됐다는 거야?"

"여길 봐. 네가 사법고시에 합격했어!"

그러면서 친구는 사법고시 합격자 명단이 실린 신문을 보여 주었다.

그곳에 '노무현(盧武鉉)' 이름이 올라 있었다.

순간 무현은 잠시 말문이 막혀 가만히 있었다. 너무나 가슴이 벅차올라 오히려 아무 말도 하지 못했다. 대신 자신도 모르게 두 눈에서 눈물이 하염없이 흘러내렸다.

그런 남편을 보고 아내 양숙도 남편의 무릎에 얼굴을 파묻고 부끄러움도 잊은 채 펑펑 울었다. 아버지 어머니도 달려 나와 같이 울었다. 집안은 온통 울음바다가 되었다. 너무나 큰 기쁨은 울음으로

표현할 수밖에 없었다.

무현은 누구보다도 큰형 생각이 나 더욱 서럽게 울었다.

"형님! 하늘에서도 이 신문을 보고 계십니까? 저 막내가 합격했습니다. 아버지 어머니도 형님 생각으로 울고 계십니다."

모두들 합격자 발표가 실린 신문 기사를 다시 읽어 보았다. 제17회 사법고시 합격자 명단에는 모두 60명의 이름이 올라와 있었다. 다른 사람들은 모두 대학이나 대학원을 나왔는데 노무현만 혼자 고등학교 출신으로 나와 있었다.

그것이 더 무현에게는 서럽고도 기뻤다. 고등학교를 졸업한 지 9년 만에 합격한 것이었다. 사법고시를 준비하고 공부하는 과정은 너무도 외롭고 고통스러웠다. 명문대학 법대를 나오고도 합격하기 힘든 것이 사법고시였다. 그런데 일개 상고 출신인 무현이 사법고시를 보겠다고 했을 때 직접적이든 간접적이든 사람들이 보인 반응은 비웃음이거나 싸늘함이었다.

무현은 마침내 사법시험에 합격함으로써 그동안 자신을 짓누르고 있던 따가운 눈총에서 훌훌 벗어날 수 있었다.

'그래, 내가 해냈어. 사법고시에 합격했어!'

무현은 너무도 기뻤다. 마치 세상을 다 얻은 것 같았다. 길을 가면서도 모르는 사람을 붙들고 "제가 사법시험에 합격했습니다." 하고 자랑하고 싶었다. 들뜨고 기쁜 마음은 한동안 계속되었다. 물론 마을 어른들도 무현과 마주칠 때마다 축하한다고 해주었다.

특히 결혼을 크게 반대했던 장모님이 축하를 해주었을 때는 더더욱 기뻤다. 많은 사람들이 무현에게 고등학교만 나오고서 그 어렵다는 사법고시에 어떻게 합격할 수 있었는지 물었다.

후배들도 여럿 찾아와서 박수를 쳐 주었다. 이제 무현은 자신의 앞에 새로운 삶이 펼쳐질 것 같은 예감에 가슴이 마구 설레었다.

나중에 무현은 자신의 삶을 되돌아보면서, 사법고시에 합격했던 그 순간만큼 커다란 성취감을 느껴본 적도 없었다고 말했다.

그만큼 사법시험 합격은 무현의 일생에서 가장 극적인 사건이었다. 무현은 그로부터 2년 동안 사법연수원에서 판사가 되기 위한 공부를 하게 되었다.

대한민국에서 내로라하는 대학을 나온 최고의 엘리트들과 어울려 함께 공부할 수 있다는 사실은 무현에게 너무나 가슴 설레는 일이었다.

# 짧은 판사 시절과 유명 변호사 생활

사법시험에 합격한 사람들은 모두 다 2년 동안 사법연수원에서 교육을 받아야 했다. 그들은 연수원 교육이 끝날 때 판사, 검사, 변호사 가운데 하나를 선택한다.

무현은 연수원에서 교육을 받으면서 검사는 애초부터 하고 싶지 않았으며, 판사보다는 변호사가 되고 싶었다. 연수원에 특강을 나온 판사들은 어쩐지 융통성이 없어 보였다. 또한 판사는 국가공무원으로 딱딱한 관료처럼 보여서 무현은 그 직업에 별다른 매력을 느끼지 못했다.

무현은 변호사가 되면 선진 외국처럼 전문화된 변호사의 길을 걸으면서 업무 영역을 새롭게 넓히고 싶었다. 그래서 함께 연수를 받는 동기생들에게도 자신은 판사보다 변호사가 될 것이라고 줄곧 말했다.

연수원 안에서 자주 어울리며 뜻이 맞는 동기생들도 같이 변호사가 되자고 약속했다. 그런 무현이 고향집에 내려가서 가족들에게 슬그머니 자신은 변호사가 되겠다고 말했다.

"판사는 좀 따분한 생활을 할 것 같아서 변호사가 되기로 결심했습니다."

그러자 어머니가 펄쩍 뛰면서 말했다.

"그게 무슨 소리냐? 판사 벼슬을 해야지, 네가 왜 그걸 마다해?"

그때 당시만 해도 판사는 높은 벼슬로 여겨졌다. 작은형과 누나들도 모두 판사를 해야 한다고 말했다.

"판사 벼슬을 하고 난 뒤에 변호사를 개업해도 되잖아. 변호사는 그다음에 해도 되지."

가족들이 그렇게 말해도 무현은 계속해서 변호사를 하겠다고 우겼다.

그러자 어머니가 무현을 꼼짝 못하게 하는 말을 했다.

"너, 네 장인어른 때문에 판사 임용이 안 된다는 것이냐?"

어머니는 무현의 장인어른, 즉 아내의 아버지가 좌익 활동을 하다가 사상범으로 감옥에서 사망했기 때문에 연좌제에 걸려 판사가

못 된다는 것이냐고 묻는 것이었다. 만약 무현이 자신의 뜻을 굽히지 않고 변호사 일을 시작한다면 어머니는 며느리인 아내를 곱게 대하지 않을 것 같았다.

결국 무현은 아내와 어머니, 장모님을 위해 판사 임명을 받기로 했다.

"판사를 그리 오래 하지는 않을 거야!"

무현은 판사 생활을 딱 1년만 하기로 마음먹었다.

판사 생활은 대전에서 시작하였다. 법원으로 출근해서 여러 사건들을 보고 재판이 열리면 판결을 하는 게 판사의 일이었다. 일에 재미가 아주 없는 것은 아니었지만 대체로 단조로운 생활의 연속이었다.

출근을 하면 법원 서기가 책상 왼쪽 모서리에 사건 기록을 가져다주었다. 그러면 판사인 무현은 그것을 검토하고 메모해서 오른쪽 모서리로 옮겨 쌓아 놓았다. 활발하게 움직이면서 토론도 하고 사건 조사하는 걸 좋아하는 무현으로서는 온종일 갑갑하고 지루한 나날이었다.

무현은 수동적이고 관료주의적인 판사 생활에 회의를 느끼기 시작했다. 결국 무현은 판사 생활을 시작한 지 1년은커녕 8개월도 안 되어 사퇴를 결심하고 부장판사에게 사표를 냈다.

사표가 수리되자마자 무현은 변호사 일을 시작하기 위해 부산으로 갔다. 부산으로 가는 도중에 무현은 아내의 손을 잡으며 말했다.

"변호사 하면 돈을 좀 더 많이 벌 수 있을 거요. 그러면 시골에 별장도 하나 짓고 당신 호강을 시켜 드리리다."

아내는 그저 말없이 다소곳이 앉아 미소만 지었다.

변호사가 된 다음부터 무현이 앞으로 어떤 길을 가게 될지 그때까지는 아무도 몰랐다.

1978년 5월, 부산에서 변호사 사무실을 낸 무현에게는 오래전부터 꿈꾸던 것이 있었다. 그것은 전문 변호사가 되는 것이었다. 여러 분야의 전문 변호사와 함께 법률 사무소를 차려 종합적인 법률 서비스를 제공하고 싶었다. 그러나 막상 개업을 하고 그날그날 맡은 사건을 처리하려다 보니 전문 분야를 공부할 틈이 없었다.

무현은 이제 사람들에게 '노 변호사'라고 불리게 되었다.

변호사 사무실을 개업하고 얼마 안 되었을 때 한 아주머니가 찾아와 사건을 하나 맡겼다. 남편이 사기 혐의로 구속이 되었다며 노 변호사에게 사건 변호를 맡아 달라고 했다.

아주머니가 돌아가자마자 노 변호사 일을 도와주는 사무장이 말했다.

"변호사님, 피의자인 아주머니 남편을 빨리 만나시지요. 피의자를 만나 보기 전에 사건 당사자들이 합의를 하면 아주머니가 해약을 하겠다고 할지도 모릅니다."

그건 너무나 당연한 말이었다. 사건 변호를 맡은 변호사가 한 번이라도 피의자를 만나 사건을 진행해야만 계약금을 돌려주지 않게 되어 있다. 그래서 노 변호사는 서둘러 감옥으로 가서 사건 의뢰인의 남편을 만났다.

그런데 그 사건은 당사자들이 합의만 했다면 변호사의 변론이 필요 없을 만큼 간단한 사건이었다. 변호사로서는 당연히 계약금을 받고 사건 변론을 맡기 전에 먼저 합의를 보라고 권유를 했어야 했다.

그러나 노 변호사는 개업한 지 얼마 되지 않아 사무실에 돈이 떨어져 곤란을 겪고 있던 터라 일이 들어오자마자 덜컥 계약을 하고 말았다.

그렇게 며칠이 지나자 걱정했던 일이 일어나고야 말았다. 노 변호사가 피의자 남편을 만나고 돌아온 다음날 그 아주머니가 찾아왔다.

"변호사님, 저의 남편과 상대방이 합의를 보았습니다. 의뢰한 사건을 해약해 주시고 계약금을 돌려주세요."

그 말을 듣는 순간 노 변호사는 눈앞이 캄캄해졌다. 변호사 수임료로 받은 돈 60만 원은 이미 사무실 세를 내느라 다 써 버리고 한 푼도 남아 있지 않았다.

"아주머니, 이 사건은 이미 진행되고 있는 것이라서 수임료를 돌려드릴 수 없습니다."

노 변호사는 변호사가 일단 사건을 맡아 일을 시작했으면 수임료를 돌려주지 않아도 된다는 '변호사 수임 약정서'를 보여주며 아주머니를 설득했다.

"변호사님, 제 남편을 딱 한 번 만나본 대가로 60만 원이나 되는 돈을 떼어먹을 수 있는 겁니까?"

아주머니는 울먹이는 소리로 말했다.

"죄송합니다. 법이 그렇게 되어 있습니다."

노 변호사는 그렇게 말하면서 속으로는 너무나 미안하여 얼굴이 화끈거렸다. 그러나 노 변호사는 그 자리에서는 그렇게 말할 뿐이었다.

아주머니는 결국 눈물을 흘리고 돌아가면서 한마디 했다.

"변호사는 본래 그렇게 해서 먹고삽니까?"

아주머니의 한마디는 날카로운 칼날이 되어 노 변호사의 가슴을 파고들었다. 아주머니가 돌아가고 난 뒤에도 노 변호사는 그 자리에 주저앉아 있었다. 노 변호사는 정신이 멍한 상태로 사무실 창가에서 하늘을 쳐다보며 생각에 잠겼다.

'가난하고 힘없는 사람들을 도와주지는 못할망정 지금 내가 무슨 짓을 하고 있는 것인가?'

노 변호사는 훗날 '인권 변호사'가 되고, 국회의원이 된 1994년에 《여보, 나 좀 도와줘》란 자서전을 펴냈다. 무현은 그 책 맨 앞머리에 16년 전에 했던 부끄러운 일을 쓰고, 그 아주머니에게 용서를 빌었다.

"지금까지 걸어 온 내 삶의 영욕과 진실을 담보로 해서 백발의 할머니가 되었을 그 아주머니에게 따뜻한 용서를 받고 싶다."

그렇게 힘들게 시작한 변호사 사무실은 얼마 지나지 않아 크게 번창하였다. 노 변호사는 상업고등학교 출신답게 세무 회계에 밝아, 재판을 하면 승리하는 변호사로 이름을 날리기 시작했다.

무현은 모교 부산상업고등학교의 인맥을 활용하여 부산에 있는 기업들과 관련 있는 소송을 맡아 90퍼센트가 넘게 승리하는 놀라운 기록을 남겼다.

"노무현 변호사가 맡는 사건은 반드시 이긴다."

부산 법조계에는 그런 소문이 파다하게 퍼졌다. 노 변호사는 부산상고 동창회장을 맡으면서 더욱 유명한 변호사가 되었다.

그 무렵 노 변호사는 여름이면 부산 지역 젊은이들과 자주 어울려 광안리 앞바다에서 요트 타기를 즐겼다. 그때까지 노 변호사는 돈 잘 버는 변호사로 자신이 원하는 삶을 살고 있다고 생각했다.

노 변호사가 앞으로도 그렇게 살아가기만 했다면, 사람들은 그를 좀 뛰어나긴 했지만, 역사에 이름을 남길 만한 사람으로 여기지는 않았을 것이다. 가난한 나라에 태어나 좀 더 잘 먹고 잘 살고 출세해 보려고 재주껏 열심히 산 사람은 노무현이 아니고도 무척 많았다.

그러나 세상은 노 변호사를 그냥 내버려두지 않았다. 돈 잘 버는 조세 전문 변호사로 일하던 노무현의 인생에 운명처럼 커다란 전환점이 찾아왔다.

노 변호사는 1981년 민주화 세력에 대한 용공조작 사건인 이른바 '부림 사건'의 변론을 맡게 되었다. 부림 사건은 1981년 제5공화국 군사독재 정권이 집권 초기에 통치기반을 확보하기 위해서 일으킨 부산 지역 사상 최대의 용공조작 사건이었다. 사건 명칭은 '부산의 학림 사건'이라는 뜻에서 붙여진 것이었다.

부림 사건이 일어나기 전, 1979년 부산에서는 박정희 대통령의 독재에 저항하는 부산과 마산의 항쟁이 한창이었다. 그때 부산에서 인권 변호사로 이름을 날리던 김광일, 이흥록 변호사가 영장도 없이 잡혀갔으며 수많은 대학생들이 감옥으로 끌려 들어갔다.

1979년 10월 26일에는 18년 동안 대통령으로 있던 박정희 대통령이 부하인 김재규가 쏜 총에 맞아 세상을 떠나는 사건이 일어났다. 그 뒤 잠시 민주화가 되는가 싶다가 이른바 '신군부 세력'인 전

두환 보안사령관이 12월 12일 쿠데타를 일으켜 정권을 장악하게 되었다.

1980년 5월에는 광주 민주화 운동이 일어나 광주시민 수백 명이 계엄군에 목숨을 잃는 처참한 사태가 벌어졌다.

나라는 걷잡을 수 없는 소용돌이에 빠졌다. 결국 정권을 잡은 신군부 세력은 민주화 인사에 대한 감시와 탄압을 벌였다.

그 당시 노 변호사는 그러한 일을 남의 일처럼 여겨 별다른 관심을 두지 않았다. 그런 그가 '부림 사건' 변론을 맡게 된 것은 이흥록 변호사의 요청이 있었기 때문이었다.

"노 변호사! 부림 사건 변론을 맡아 주세요. 이 사건은 본래 김광일 변호사가 맡기로 한 건데, 김 변호사가 사건을 맡으면 변호사 자격을 박탈하겠다고 검찰이 으름장을 놓고 있어요. 노 변호사의 용기가 필요해요."

"알겠습니다. 제가 한번 맡아 보겠습니다."

평소 부산 지역에서 인권 변호사로 활동하는 김광일 변호사는 노 변호사도 잘 알고 있었다. 그런 그가 변론을 할 수 없다니 무현은 새로운 도전을 하는 심정으로 사건 변론을 맡겠다고 하였다.

1981년에 일어난 부림 사건은 이흥록 변호사가 만든 '좋은 책 읽기 모임' 회원들이 집단적으로 경찰에 붙들려 간 사건이었다. 그 모임에서 회원들은 《전환시대의 논리》, 《우상과 이성》, 《난장이가 쏘아올린 작은 공》 같은 책을 읽고 사회에 불만을 품어 공산주의 운동을 한다고 하였다.

노 변호사가 보기에 그러한 책들은 대학생이나 일반인이면 누구나 읽을 수 있는 책이었다. 그러나 당시 중앙정보부는 그들 불량한 모임 회원이 아기 돌잔치에서 정부를 비판한 이야기나 탁구장에서 탁구를 치면서 한 이야기, 여름철 계곡에서 놀면서 나눈 이야기 따위까지 모두 불법집회를 한 것이며 계엄 포고령을 어긴 것이라며 엄청난 죄로 기소했다.

"이건 아닌데……. 이건 조작이야!"

검찰의 기소장을 읽으며 노 변호사는 흥분하여 말했다. 노 변호사는 당시 시국에 대해 나 몰라라 하고 있던 것에 대해 심한 부끄러움을 느꼈다.

노 변호사는 교도소에 붙잡혀 간 대학생을 만나 사건 경위에 대해 들었다. 그리고 분노했다. 한 대학생은 57일 간이나 경찰에 붙잡혀 조사를 받았으며 걸핏하면 매를 맞고 통닭구이 같은 고문을 당했다는 이야기를 듣고 노 변호사는 치를 떨었다.

게다가 더욱 놀라운 일은 그 대학생의 가족은 그가 어디에 있는지조차 몰라 미친 듯이 부산 시내를 헤집고 다녔다는 것이었다. 아무리 나쁜 죄를 지어 경찰서에 잡혀 왔다 해도 최소한 가족에게는 그 사실을 알려 주어야 하는 것이 당연한데, 경찰들은 그런 최소한의 인권도 존중하지 않았다.

경찰이 없는 범죄를 만들려고 너무도 지독한 고문을 해서 가족을 만날 수 없게 만든 것이었다. 대학생의 몸에는 끔찍스런 상처와 멍 자국이 남아 있었다.

'아! 세상이 어쩌다 이 지경이 되었는가?'

고문으로 얼룩진 대학생의 모습을 보면서 노 변호사는 분노했다. 자신이 안락한 변호사의 길을 가면서 그저 혼자 잘 먹고 잘살면 그건 사람이 아니라 개돼지만도 못한 것이라는 생각도 들었다.

노 변호사는 그날 집에도 들어가지 않고 밤을 새우며 변론을 준비했다.

사건을 파고 들어가면 들어갈수록 노 변호사는 분노에 치를 떨어야만 했다.

눈앞이 캄캄해졌다. 도무지 상상조차 해본 적도 없는 일에 기가 꽉 막혔다. 세상에 어떻게 이런 일이 벌어질 수 있는가? 노 변호사는 분노로 인해 머릿속이 엉클어지고 피가 거꾸로 솟는 듯했다. 그것은 도저히 스스로 걷잡을 수 없을 만큼 커다란 충격이었다.

'정말 이것만큼은 세상에 반드시 폭로해야겠다.'

그렇게 마음을 다져먹은 노 변호사는 철저한 변론 준비를 했다.

그리고 얼마 뒤 재판이 벌어졌다. 노 변호사는 차분하면서도 카랑카랑한 목소리로 변론을 시작했다. 물고문, 통닭구이 같은 고문으로 대학생을 범죄자로 만들었으며, 가족들은 만나지도 못하게 한 일, 아들을 찾아 나선 어머니의 처참했던 심경 등을 자신의 일처럼 마음속에 담아 법정에서 따져 물었다. 재판 방청석은 울음바다가 되었다.

입장이 곤란해진 판사는 벌레 씹은 표정으로 안절부절못했다. 사건을 맡은 검사는 얼굴이 벌개져서 법정 분위기는 무척이나 험악해졌다.

노 변호사는 자신의 앞날이 조금 걱정되지 않은 것은 아니었지만 너무나 흥분되어 앞뒤 생각할 여유도 없었다. 검사가 피고인을 몰아붙이면 즉시 항의를 하고 삿대질을 하며 맞섰다.

다음날 검사가 노 변호사를 보자고 했다. 검사는 고문당한 대학생을 불러다 놓고 있었다.

검사가 말했다.

"어제 노 변호사가 이 학생의 발톱이 빠졌다고 했잖소? 어디 한번 봅시다."

그러면서 검사는 학생에게 양말을 벗으라고 했다. 양말을 벗자

새카맣게 죽어 있는 발톱이 금방이라도 빠질 것처럼 보였다. 그러자 검사가 의기양양하다는 듯이 말했다.

"발톱이 빠지긴 어디가 빠졌소? 진실을 말해야 할 변호사가 법정에서 거짓말을 해도 되겠소?"

노 변호사는 어제 너무나 흥분되어 있어서 고문을 당한 대학생의 발톱이 빠졌다고 했는지 죽어 있다고 했는지 기억이 정확하지 않았다.

노 변호사는 발톱이 빠졌다거나 죽어 있는 것이 문제가 아니라 학생들이 혹독한 고문을 당한 것이 중요한 것이 아니냐고 따져 물었다. 그러자 검사는 대학생을 내보낸 뒤 노 변호사에게 협박하듯이 말했다.

"노 변호사는 지금 세상이 어떻게 돌아가는지 알기나 하오? 전두환 장군이 대통령이 된 터에 부산에서 변호사 한두 명이 죽었다고 해서 그게 무슨 대단한 일이 될 줄 아시오?"

그것은 분명 협박이었다. 그러나 검사의 협박은 오히려 노 변호사의 투지에 불을 붙여 주었다. 노 변호사는 더욱 열정적으로 사건에 매달려 검사와 법정 대결을 벌였다.

그러나 당시의 재판정은 학생들에게 징역 5년에서 7년까지 터무니없는 중형을 선고하고 말았다. 노 변호사는 자신이 처음으로 맡은 시국사건 재판인 '부림 사건'에서 지고 말았다. 비록 재판에서는 졌지만 '부림 사건'은 노 변호사를 민주화 운동에 뛰어들게 만든 결정적인 계기가 되었다.

그때부터 노 변호사는 변호사 업무를 조세나 세무에 두지 않고 인권과 노동에 관심을 두게 되었다. 노 변호사는 대학생들 모임에도 참석해 책을 읽고 토론하면서 사회에 대한 새로운 인식에 눈뜨게 되었다. 이제 노 변호사는 시국 사건이 발생할 때마다 억울한 처지에 놓인 사람들 편에서 일했다.

1982년 5월 부산에서는 국내뿐만 아니라 미국에까지 커다란 관심을 끌게 한 사건이 일어났다. 이른바 '미국 문화원 방화사건'이었다.

부산의 몇몇 대학생들이 1980년 광주 민주화 운동이 벌어졌을 때 미국의 책임에 대해 항의하면서 미국 문화원 앞에서 불을 질렀다. 그 불이 뜻하지 않게 문화원으로 번져 도서관에서 공부하던 학생이 숨진 사건이었다.

문부식, 김현장이 시위 주동자로 구속되었으며, 천주교 원주교구의 최기식 신부가 구속되었다. 그러자 서울에서 유명한 인권 변호사들이 죄다 부산으로 내려왔다. 이돈명, 유현석, 홍성우, 황인철 변호사가 내려왔고 부산의 김광일 변호사가 함께 했다.

노 변호사는 가장 나이가 어린 변호사였다. 따라서 노 변호사가 그리 할 일이 많은 것은 아니었다.

천주교 교인들과 수녀들이 법원 마당을 빽빽이 채우고 찬송가를 부르며 기도를 했다. 그걸 보고 노 변호사는 민주화 운동에 참여하는 종교단체의 힘이 크다는 것을 새삼 느꼈다. 그 후로 노 변호사는 많은 인권 변호사들과 만나게 되었으며 조영래 변호사와도 교류하

게 되었다.

한편 같이 부산에 살고 있으면서도 모르고 지냈던 송기인 신부도 알게 되었다. 송기인 신부는 김광일 변호사, 최성묵 목사와 함께 70년대부터 부산의 반독재운동을 함께 한 중심인물이었다.

송기인 신부는 노 변호사에게 여러 가지 도움을 주었다. 특히 노 변호사를 좋아했던 송기인 신부는 노 변호사를 자신의 성당으로 데려가 성경 공부를 시켜 아내와 함께 세례를 받게 하였다. 그래서 노 변호사는 유스토, 아내는 아델라라는 세례명을 갖게 되었다.

노 변호사는 학생이나 노동자들이 억울한 일을 당하면 무료로 변론을 해주었다. 부산에서 '공해문제 연구소'가 세워지자 노 변호사는 연구소의 이사가 되었다.

연구소는 따로 사무실이 없어서 노 변호사의 변호사 사무실 한 쪽을 막아 사무실로 쓰도록 했다. 그러자 부산시 경찰서의 대공과 형사가 아예 사무실 앞에 차를 세워 놓고 밤낮으로 감시를 하였다.

그럴수록 노 변호사는 더욱 더 열심히 민주화 운동에 뛰어들었다. 송기인 신부를 중심으로 '부산 민주 시민 협의회'를 만들어 학원안정법 반대 투쟁, 부천 권인숙 성고문 규탄 대회, 온산공단 공해 고발, 박종철 고문치사 규탄대회를 하였으며 1987년 6월 항쟁까지 그의 민주화 열정은 쉬지 않고 이어졌다.

노 변호사는 공해문제 연구소에 이어 노동법률 사무소도 만들었다. 1986년 무렵부터는 변호사 업무를 거의 중지하다시피 하고 민주화 운동에 참여했다.

노 변호사는 처음에 학생들과 이야기를 할 때만 해도 빈부격차니 억압이니 노동착취니 하는 말들을 제대로 이해할 수 없었다. 그러다가 노동운동에 대한 변론을 맡으면서 세상에 불합리한 일들이 얼마나 많은지 알게 되었다.

노 변호사는 차츰 민주 투사로 변하기 시작했다.

노 변호사는 생활 속에서도 서민을 위한 실천을 다짐했다. 승용차 대신 버스를 주로 타고 다녔으며, 부민동 사무실 앞에서 점심으로는 돼지국밥을 즐겨 먹었다.

노 변호사는 서민들이 겪는 어려움을 함께 느끼며 그들을 돕는 일에 적극적으로 나서게 되었다. 힘들게 살아가는 노동자들과 관련된 변론을 맡아야 할 때는 그들의 처지를 너무나 안타까워하며 눈물을 많이 흘렸다.

한번은 거제도에서 한 노동자가 회사에서 부당하게 해고됐다며 노 변호사의 사무실을 찾아왔다. 그 노동자는 처음엔 무척 머뭇거리며 말을 제대로 하지 못했다.

"제가 최선을 다해 도와드리겠습니다. 말씀해 보세요."

노 변호사가 한참 동안 달래며 안심시키자 그가 조심스레 입을 열었다.

"제가 회사에 노동조합을 만들어 조합장이 되었습니다. 그런데 어느 날 보안대의 거제 파견대장이 저를 사무실로 데려가더니 다짜고짜 제 정강이를 수도 없이 걷어찼어요."

그러면서 그는 바지를 걷어 올렸는데 다리에 시퍼렇게 멍이 들어 있었다.

"이 이야기를 변호사님에게 했다고 또다시 봉변을 당할까 두렵습니다."

그는 보안대의 서슬 퍼런 협박에 눌려 회사에 사직서를 내고 말았다고 했다.

노 변호사는 즉시 그에게 관할 마산 노동청에 부당 노동 행위에 대한 구제 신청을 내도록 했다. 구제 신청서를 쓸 때, 그는 자기가 파견대장에게 맞은 사실이 알려지면 큰일 난다며 제발 그 부분만은 빼달라고 사정을 했다.

"파견대장의 폭행은 아주 중요한 사건입니다. 그걸 빼면 사건이 성립되지 않습니다. 이 부분은 반드시 들어가야 합니다."

노 변호사는 가까스로 그를 달래서 기어이 그 부분을 집어넣었다. 그렇게 구제 신청서를 접수시킨 다음에 희한한 일이 벌어졌다. 마산 보안대에서 한 간부가 찾아와 그걸 취소해 달라고 통사정을 했다.

"변호사님, 이 사건을 더 이상 문제 삼지 말아 주십시오. 이게 문제가 되면 거제 파견대장이 옷을 벗어야 합니다. 그러면 그 가족들이 얼마나 불쌍하겠습니까?"

그 말을 듣고 노 변호사는 기가 차서 말이 다 나오지 않았다.

"이것 보세요. 파견대장의 가족은 불쌍하고 그 노동자의 가족은 불쌍하지 않다는 말입니까? 이게 말이 됩니까?"

노 변호사는 화가 나서 그 간부에게 호통을 쳤다.

그런데 며칠 지나자 더 분통 터지는 일이 일어났다. 회사가 피해자인 그 노동자를 어떻게 어르고 달래거나 협박했는지 모르지만 그 노동자가 자진해서 구제 신청을 취소하겠다고 했다. 노 변호사는 어이없는 표정으로 다만 이렇게 말했다.

"지금 당신이 할 수 있는 일은 오직 회사에 복직하는 것뿐이오. 알겠습니까?"

결국 노 변호사의 노력으로 그 노동자는 복직되었고 조합장 자리에도 다시 앉게 되었다.

이러한 경험들, 그리고 책과 청년들을 통해 노 변호사는 사회에 대한 새로운 인식을 갖게 되었다.

1985년 5월, 노 변호사는 부산 민주 시민 협의회에 발기인으로 참여했다. 창립 대회를 개최하려고 하자 경찰들이 대회장으로 들어가지 못하게 원천 봉쇄를 하였다. 그러자 노 변호사는 아예 길바닥에 드러누워 경찰과 맞섰다.

1987년에는 민주헌법쟁취 국민운동 부산본부 상임집행위원장이라는 꽤 긴 이름의 직책을 맡으면서 민주투사로서 노 변호사의 명성은 나날이 높아졌다.

1987년 2월엔 중앙정보부에 끌려가 물고문으로 숨진 서울대 학생 박종철 군의 추도집회를 주도하다가 최루탄을 뒤집어쓰고 경찰서로 끌려갔다. 최루탄을 뒤집어쓴 사진은 국민들에게 너무도 깊은 인상을 남겼다.

검찰은 김광일 변호사를 제쳐놓고, 노 변호사에게만 이례적으로 하룻밤 사이에 영장을 네 번이나 청구하기도 했다. 당시 검찰은 노 변호사를 눈엣가시처럼 여겼다.

# 새로운 삶의 시작

 노무현 변호사는 이제 조용히 맡겨진 사건 변론만 처리하며 살아갈 수 없게 되었다. 노 변호사는 이미 전국적으로 유명한 인물이 되어 그의 도움을 필요로 하는 곳이 많아졌다.

 1987년 8월에 거제도에서 대우조선 노동자들이 처우 개선을 요구하며 시위를 벌였다. 시위는 날이 갈수록 격렬해졌고 경찰은 강경하게 진압했다.

 그러다가 뜻하지 않게 불행한 사건이 일어나고 말았다. 대우조선 노동자 이석규 씨가 경찰이 쏜 최루탄에 맞아 사망했다. 노 변호사는 이상수 변호사와 함께 이씨의 사망 원인을 밝히려고 거제도로 갔다. 그러자 경찰은 제3자가 사건에 개입하는 것은 불법이라며

두 변호사를 구속했다.

변호사 법에, 사건을 맡긴 사람과 해당 변호사 외에 제3자가 끼어들어 사건을 해결하려는 것은 법률위반이라는 조항이 있다.

이상수 변호사는 통영에서 구속되고 노 변호사는 부산에 와서 구속되었다.

"나는 변호사로서 이석규 씨 사망원인을 알아보려고 한 것이란 말이오."

노 변호사는 구속에 거칠게 항의하였다.

"변호사도 법을 어기면 죗값을 치러야 하오. 변호사라고 해서 아무 사건에나 끼어들 수 없소이다."

경찰은 변호사 법을 들먹이며 오히려 큰소리를 쳤다.

노 변호사는 그렇게 해서 난생처음 감옥에 갇히게 되었다. 감옥에 있는 동안 노 변호사는 여러 가지 생각을 하며 앞으로 다가올 미래에 대해 고민해 보았다.

'아직 우리나라는 완전히 민주화되지 않았다. 풀려나면 더욱 더 이 나라의 민주주의를 위해 싸울 것이다.'

노 변호사는 23일 동안 감옥에 갇혀 있었다. 재판을 받고 풀려난 노 변호사는 그 해 11월에 변호사 자격이 정지되었다. 변호사 업무 정지를 당해도 상담이나 문서 작성은 해줄 수 있지만 변론은 다닐 수 없게 되었다.

그렇게 되자, 노 변호사는 문서 작성이나 하면서 재판 뒷바라지를 하는 변호사라기보다 직접 현장에 나가서 싸우는 전문 변호사라서 불편한 점이 한두 가지가 아니었다.

그때부터 노 변호사는 '거리의 변호사'가 되어 민주화 운동 대열에 참여하여 사람들과 함께 했다. 당시 몇몇 대학생들이 부르던 '어머니'라는 노래는 마치 들불처럼 번져 나갔다.

사람 사는 세상이 돌아와
너와 나의 어깨동무 자유로울 때
우리의 다리 저절로 덩실
해방의 거리로 달려가누나
아아 우리의 승리
죽어 간 동지의 뜨거운 눈물
아아 이글거리는 눈빛으로
두려움 없이 싸워 나가리
어머님 해맑은 웃음의 그날 위해

노 변호사는 노래를 부르며 시위하는 청년들과 힘차게 걸어 나

갔다. 그러다가 어느 순간 자신도 모르게 눈물을 흘렸다.

'아, 사랑하는 친구들, 정의를 위해 자기를 던져 싸워 온 동지들, 꿈과 희망을 포기하지 않는 이 땅의 젊은이들……'

그런 생각이 노 변호사를 눈물 나게 했다. 또한 이때 부른 '어머니' 노래에서 '사람 사는 세상'이란 구절은 오랫동안 기억에 남아 노 변호사가 즐겨 쓰는 말이 되었다. 그런 노 변호사에게는 부산 민주화 운동의 '야전사령관'이라는 별명이 하나 더 붙게 되었다.

그리고 해가 바뀌어 1988년이 되었다. 새해가 밝은 지 얼마 되지 않았을 때, 당시 통일민주당 총재이던 김영삼 씨가 노 변호사를 초청했다.

김영삼 총재는 최연소로 국회의원에 당선되었으며, 부산 지역에서는 절대적인 지지를 받는 거물 정치가였다. 그는 특히 군사독재 세력과 용감히 맞서 싸운 민주 투사에서 야당 지도자가 된 인물이었다.

김 총재는 특히 죽음도 두렵지 않다는 뜻으로 "민주 제단에 피를 뿌리겠다"는 섬뜩한 말을 하며 우리나라의 민주화 투쟁을 이끈 야당 지도자였다. 그런 김영삼 총재가 노 변호사를 부른 것이었다.

김 총재는 부드러운 얼굴로 노 변호사를 맞이했다.

"어서 오시오. 노 변호사 이야기는 많이 들었소. 사람들이 노 변호사를 야전사령관이라고 한다지요."

"저는 제가 할 일을 한 것뿐입니다."

"노 변호사! 이제 야전사령관으로 있는 것보다 국회의원이 되어 나라를 위해 더 많은 일을 하는 게 어떻겠소?"

그 말을 들은 노 변호사는 그게 무슨 뜻인지 몰라 잠시 가만히 있었다.

"저는 정치에 대해 아는 게 별로 없습니다. 변호사로 일하는 것도 벅찹니다!"

그러자 김 총재가 다시 한 번 말했다.

"이번 제13대 국회의원 선거에 노 변호사를 통일민주당 후보로 공천할까 하오. 노 변호사의 열의와 능력이면 정치도 잘할 것으로 믿어요. 함께 합시다."

김 총재는 노 변호사에게 부산 지역에서 국회의원 후보로 나서라고 제의했다. 그때 노 변호사는 많은 고민과 갈등에 빠졌다.

'나는 정치를 잘 모르는데 잘 해낼 수 있을까?'

'국회의원이 되면 민주화 운동에 더 힘이 실릴까?'

노 변호사는 이런저런 고민을 하면서 생각하였다.

'어쨌든 나는 억울하게 이용만 당하는 사람들을 위해 살려고 했으니 조금 더 적극적으로 활동해 보자.'

노 변호사는 마침내 결심을 하고 공천을 받아들이기로 했다. 그가 그렇게 하기로 결정한 것은 대한민국 정치사에서 참으로 중요한 역사적 분기점이 되었다.
'노무현 변호사'가 '정치인 노무현'으로 바뀌는 순간이었다.

1988년 4월 국회의원 총선이 있었다. 노 변호사는 통일민주당 국회의원 후보 공천을 받을 때 이렇게 말했다.

"부산에서 가장 상대하기 어려운 후보는 누구입니까?"

"부산 동구에서 나올 민주정의당 허삼수 후보입니다."

"그럼 나를 그쪽에 공천해 주십시오. 이왕이면 가장 상대하기 힘든 후보와 겨뤄 보고 싶습니다."

노 변호사는 부산 동구에서 야당인 통일민주당 국회의원 후보로 나섰다. 상대 후보는 당시 집권 여당인 민주정의당에서 실세 가운데 실세로 손꼽히는 허삼수 씨였다.

선거 초반에 사람들은 당연히 허삼수 씨가 당선될 거라고 말했다. 그도 그럴 것이 노무현 후보는 이제 막 정치에 첫발을 들여놓은 신출내기인 것이다.

그러나 선거가 막판에 접어들었을 때 노무현 후보의 연설을 들은 부산 동구 유권자들은 어쩌면 노무현 후보가 이길지도 모른다고 생각했다. 노 변호사를 지원하기 위해 김영삼 총재가 부산으로 내려와 연설을 했다.

"허삼수 후보는 반란을 일으킨 군인입니다. 반란의 총잡이입니다. 총잡이는 국회로 보낼 것이 아니라 감옥으로 보내야 합니다."

부산 시민들은 김영삼과 노무현을 연호하며 열렬한 박수를 보냈다. 노무현 후보는 결과적으로 군사독재 세력의 실세인 허삼수 후보를 이기고 승리하였다. 이로써 마침내 변호사 노무현은 국회의원이 되어 정치가의 길을 걷게 되었다.

　노무현 후보가 당선 소감을 밝히자, 수많은 사람들이 박수와 격려를 보냈다.

　"당선을 진심으로 축하드립니다."

　"큰 정치가가 되어 주세요."

　"국민을 위해 더 많은 일을 해주세요."

　국회의원이 된 노무현은 그런 격려와 부탁의 말을 듣고 새로운 각오를 다졌다.

　'나는 민주화 투쟁을 계속 할 것이다.'

　어떤 일이든지 일단 하기 시작하면 놀라운 집중력을 보이는 노무현의 특별한 장점은 국회 안에서도 꿈틀거리기 시작했다.

　1988년 7월 8일, 국회의사당 본회의장에서 국무위원들을 상대로 대정부 질문이 있었다. 그때 노무현 의원은 자신이 직접 조사하고 분석한 노동 현실의 참담함을 힘찬 목소리로 고발했다.

　"부산 동구에서 처음으로 국회의원이 된 노무현입니다. 국무위원 여러분! 정부는 입만 열면 노동자와 사용자의 화합을 외치고 있습니다. 그러나 화합이 되고 있습니까? 노동조합 한번 해보려고 하면 전기도 끊기고 수돗물도 끊긴 공장 바닥에서 스티로폼 깔고 앉아서 라면을 씹어야 하는 노동자가, 가족이 가져다준 주먹밥마저

빼앗겨서 불에 타 버리는 광경을 바라보아야 하는 노동자가, 그리고 끝내는 감옥에 갔다가 해고되어 길거리로 내몰리는 노동자가, 그들을 내팽개친 기업주와 어떻게 이 땅 위에서 화합하여 살기를 기대하십니까?

제가 생각하는 좋은 사회는 더불어 사는 세상, 모두가 먹는 것, 입는 것, 이런 걱정 좀 안하고 억울한 고통을 당하지 않고 하루하루가 좀 신명나게 이어지는 그런 세상이라고 생각합니다. 국무위원 여러분! 아직도 경제 발전을 위해서, 부자들만의 케이크 크기를 더 크게 하기 위해서 노동자의 희생이 계속되어야 한다고 생각하십니까?"

노무현 의원은 비록 초선 의원이었지만 누구보다도 당차고 야무지게 국민을 대신해서 말했다. 대정부 질문을 텔레비전으로 지켜보던 국민들은 숨통이 확 트이는 기분이 들었다. 다른 의원들이 이런저런 눈치를 보느라 피해 갔던 문제를 초선 의원이 용감하게 따져 물었기 때문이었다.

대정부 질문 이후 노 의원은 많은 사람들의 지지를 받았다. 회사나 여러 단체에서 노 의원을 초청하여 강연을 해달라고 하였다.

노 의원은 사회 곳곳에서 억압당하고 고통 받는 서민들을 위해서는 어디든지 달려갔다. 그러다 보니 변호사 시절보다 훨씬 더 바빠졌다. 이러한 노 의원을 세상에 더 크게 알리는 사건이 벌어졌다.

1988년 11월 7일부터 3일 동안 국회에서 군사 쿠데타로 정권을 잡은 제5공화국 비리에 대한 청문회가 열렸다. 5공화국이 끝나자, 국민들은 노태우 정권에게 보다 더 투명하고 민주화된 정부가 될 것을 요구하였다. 그러자 노태우 정권은 더 이상 버티지 못하고 어쩔 수 없이 청문회를 열게 되었다.

청문회는 사건과 관련 있는 증인들을 국회로 불러 증언을 듣는 것이었다. 당시 청문회는 우리나라에서 처음 실시하는 것으로써 청문회의 주제는 '5공화국 비리와 일해재단 문제' 그리고 '광주 민주화 운동'에 대한 것이었다.

당시 장세동 전 안전기획부장, 이종원 전 법무부장관, 정주영 현대그룹 회장, 전두환 전 대통령 등이 주요 증인으로 나왔다.

노 의원은 처음엔 청문회를 해야 국회의원들이 입씨름이나 할 것 같아서 별다른 기대를 하지 않았다. 그러나 청문회 날짜가 점점 다가오자 이를 국회의원으로서 해야 할 가장 중요한 일이라 여겨 비서들과 함께 며칠 밤을 새워 가면서 치밀하게 준비를 했다.

변호사 출신인 노 의원은 어떤 사건을 맡으면 그것의 원인과 진행 과정, 결과까지 깊이 있게 파고 들어가는 데 누구보다도 뛰어난 능력을 보여 왔다.

청문회 첫날에는 텔레비전의 중계 없이 진행되었다. 그러자 다음날 언론에서는 텔레비전으로 생중계를 해야 한다고 아우성이었다. 둘째 날부터 청문회 장면은 텔레비전으로 중계되었다. 그러자 국민들의 반응은 뜨거웠다. 텔레비전 시청률이 50퍼센트를 웃돌았다.

당시 증인들은 세상을 쥐락펴락하며 나는 새도 떨어트린다던 정치계와 재계의 거물들이었다. 그들에게 국민들이 알고 싶어 하는 질문을 제대로 해야 할 국회의원들이 오히려 증인들에게 굽실거리는 일까지 벌어졌다. 한 국회의원은 당시 우리나라 최고의 부자였던 정주영 씨가 입장할 때 문을 열어 주며 굽실거렸다.

청문회에 나온 장세동 씨는 오히려 아무런 죄가 없다는 태도로 뻔뻔한 모습을 보였으며, 일부 국회의원들은 정주영 씨에게 '회장님', '증인님'이라는 호칭까지 쓰기도 했다. 앞뒤가 뒤바뀐 꼴이었다.

'덜떨어지고 한심한 국회의원들 같으니라고. 지금 뭐하자는 거야!'

국민들은 민주주의와 인권을 짓밟고 권력을 마구 휘두른 증인, 그 권력에 빌붙어 돈을 벌어들인 증인, 그런 사람들이 최소한의 양심에 귀를 기울여 반성하는 모습을 보고 싶어 했다. 따라서 국회의원은 당연히 국민이 보고 싶어 하는 장면을 이끌어 보여 주어야 했다. 하지만 상황이 그렇지 않자 성급한 사람들은 텔레비전을 중간에 꺼 버리기도 했다.

그런 가운데 이제 막 국회의원 배지를 단 한 국회의원이 눈에 들어왔다. 그는 다른 의원과 달랐다. 논리 정연한 말로 핵심을 찌르는 질문을 하여 증인들을 꼼짝 못하게 몰아세웠다. 그 자리에 있던 동료 국회의원들과 증인들은 물론 텔레비전을 지켜보던 국민들은 모두 깜짝 놀랐다.

"저 사람 신출내기 국회의원인가 본데 잘하네! 누구지?"

그 사람이 바로 노무현 의원이었다. 노 의원은 거침없는 말로 증인들을 몰아세웠다. 노 의원은 국민들이 증인에게서 듣고 싶어 하는 말을 정확하게 이끌어 냈다.

노 의원은 정주영 씨에게도 송곳 같은 질문을 퍼부었다. 정주영 씨에게 의원들은 '정경 유착 비리'를 캐내려고 했다. '정경 유착 비리'는 사업하는 사람들이 힘 있는 정치가들에게 돈을 바치고 그 대가로 사업적 이익을 챙기는 대표적인 비리이다.

정경 유착 비리의 대표적인 보기는, 새로운 도시 개발 계획을 할 때 정책을 맡은 정치가가 경제인에게 돈을 받고 노른자위 땅을 살 수 있는 정보를 흘려주거나 독점적으로 개발 사업을 하게 몰아주는 것이다. 이러한 정경 유착 비리는 군사독재 시절부터 이어져 온 대표적인 부정부패의 표본이었다.

현대그룹의 회장인 정주영 씨는 당시 우리나라를 대표하는 기업가였다. 정주영 회장에 대한 청문회가 시작되었고, 한 국회의원이 질문했다.

"증인은 군인 출신인 제5공화국 실세들에게 돈을 주었습니까?"

"예."

정주영 씨는 너무나 쉽게 자신의 잘못을 인정했다.

"돈을 왜 주었습니까?"

그러자 정주영 씨는 이번에도 거침없이 대답했다.

"안 주면 재미없을 것 같아서 주었습니다."

정주영 씨는 국회의원이 무슨 질문을 할 것인지 이미 다 알고 있다는 듯이 대답했다.

"그렇다면 강제성이 있어서 돈을 준 것입니까?"

"예, 그렇습니다."

정주영 씨가 너무도 시원스럽게 대답해 버리는 바람에 여러 질문을 하려던 의원이 오히려 머쓱해졌다. 그 의원은 정주영 씨가 왜 강제적으로 돈을 갖다 주었는지 밝히지도 못하고 자리를 내려오고 말았다.

노 의원이 질문할 차례가 되었다. 그는 다른 의원과는 다른 질문을 하기 시작했다. 그는 제5공화국 비리의 본질이 정경 유착에 있다고 보고 그 부분을 차근차근 파고 들어갔다.

"강제성이 있다고 했는데 5공화국 실세들이 총칼이라도 들이댔다는 말입니까?"

그러자 정주영 씨는 화들짝 놀라며 움찔했다.

"그런 것은 아니고 시대의 흐름에 따라 돈을 냈습니다."

"시대의 흐름에 따랐다는 것은 증인이 강제로 돈을 빼앗긴 것은 아니라는 말입니까?"

너무 강제성에만 초점을 맞추면 정주영 씨는 강제로 돈을 빼앗긴 피해자가 되어 아무런 잘못이나 비리가 없다는 뜻으로도 해석될 수 있었다. 노 의원은 그 점을 노리고 돌려서 질문했다. 그러자 증인은 한동안 아무런 소리를 못했다. 노 의원이 다시 물었다.

"기업이 좀 더 성장하기 위해서는 힘 있는 사람에게 접근해서 돈을 벌어야 한다는 뜻입니까?"

그러자 정주영 씨는 안경을 고쳐 쓰고 괴로운 표정을 보이며 대답했다.

"힘 있는 사람에게 잘못 보이면 뜻하지 않게 괴로운 일을 당한다는 점을 말한 것입니다."

"그렇다면 그 행위는 명확히 정경 유착을 하기 위해서 돈을 갖다 바친 부정행위로군요."

"능력에 맞게 내는 것은 부정이 아니라고 생각합니다."

"그러면 그렇게 돈을 갖다 바치고 무엇을 얻었습니까?"

그러자 증인은 대답을 못하고 한참 동안 가만히 있었다.

"얻은 것은 없습니다. 다만 힘 있는 사람들의 뜻을 뿌리칠 용기가 없었던 점은 죄송하게 생각합니다."

노 의원은 집요하고 날카롭게 질문하여 증인들을 꼼짝 못하게 했다.

5공화국 비리와 관련해서는 법무부장관을 지낸 이종원 씨의 청문회에서도 깊은 인상을 남겼다. 이종원 씨는 5공화국에서 법무부장관을 지낸 변호사로서 일해재단 설립에 깊숙이 관여했던 인물이었다.

일해재단 관련 청문회 첫날 증인으로 나온 그는 변호사 출신다운 기막힌 말솜씨로 의원들의 질문을 요리조리 피해 다녔다. 법률적 지식과 논리력이 뛰어난 그를 국회의원들이 상대하기에는 부족해 보였다.

증인은 교묘한 논리로 빠져나가며 국회의원들을 비웃듯이 놀리며 은근히 그 자리를 즐기는 듯했다.

"아니 저런! 저것이 증인으로 취할 자세란 말인가!"

그의 그런 오만함에 의원들은 분통을 터트렸다. 현장을 지켜보던 기자들도 분개하는 모습이었다. 모두들 누군가가 그의 잘못된 궤변과 오만함을 꺾어 주기를 간절히 바라고 있었다.

그때 노 의원이 나설 차례가 되었다. 노 의원은 변호사로서 익힌

법률 지식과 논리로 이야기를 풀어 나갔다.

일해재단 문제는 사실 차분하게 짚어 보면 그 비리를 손쉽게 파헤칠 수 있는 것이었다. 그러나 법무부장관까지 지낸 사람이 명석한 두뇌와 법률 지식을 이용하여 이리 꼬고 저리 꼬아 문제를 복잡하게 만들었다. 그러자 같은 법률 지식과 논리가 아니고서는 풀 수 없는 어려운 문제가 되었다. 노 의원은 그런 논리를 하나하나 파헤쳤다. 그는 결국 항복하고 말았다. 전문 지식을 갖춘 전문가를 만나자 말장난을 할 수 없게 된 것이었다.

그때 노 의원은 큰 깨달음을 얻었다. 아무리 좋은 법률 지식도 잘못 쓰일 때는 무척 위험하다는 것을 알았다.

텔레비전을 지켜보던 국민들이 탄성을 터트렸다.

"노무현 의원! 정말 잘한다. 답답한 속이 뻥 뚫리는 느낌이다."

노 의원은 그렇게 국민들에게 강한 인상을 남기며 이른바 '청문회 스타'가 되었다. 비록 노 의원은 청문회를 통해 전국적인 인물이 되었으나 노 의원이 보기에 청문회는 실패작이었다.

당시 노 의원은 국회 회기를 연장해서라도 청문회가 제대로 열리기를 바랐다. 그러나 여당의 일방적인 불참으로 청문회는 파국을 맞이했다. 또 노 의원이 기대했던 것만큼 야권의 통합도 이루어지지 않았다.

국회의원이 되기 전에 청년들과 했던 민주화에 대한 굳은 약속들도 생각했다. 청년들과 노동자들이 박해받는 현장에 있지 못하는 국회의원이라는 신분은 항상 스스로를 제3자로 만들어 줄 뿐이었다. 그 모든 것들이 1년이 채 안 되는 기간 동안 정치판에 발을 들여놓은 노 의원을 압박하는 것들이었다.

 결국 노 의원은 더 이상 버티지 못하고 국회의원을 그만두겠다고 사퇴서를 던지고 말았다. 청문회로 한창 유명해진 노무현 의원이 국회의원직을 그만두겠다고 하자 통일민주당과 김영삼 총재로서는 여간 골치 아픈 일이 아니었다.

 사퇴서를 번복하라는 요구는 노 의원의 예상보다 훨씬 거세었다. 노 의원은 당 간부들을 피해 전국을 돌아다니면서 그들과 마주치지 않으려고 했다. 그러다가 결국 김영삼 총재와 연락하게 되었다. 김 총재가 짧게 말했다.

 "긴 말 하지 말고 일단 한번 만납시다."

 노 의원은 김영삼 총재가 사는 서울 상도동으로 갔다.

 "노 의원, 어서 오게. 고생이 많았지?"

 김 총재는 한없이 낮고 부드러운 목소리로 말했다.

 "총재님, 심려를 끼쳐드려서 죄송합니다."

 "응? 아니 아니야! 그렇지 않아!"

무척 흥분하여 거친 말이 나올 것이라 예상했던 것과는 달리 김 총재는 노 의원을 따뜻하게 대했다. 표정은 다정스러웠고 말투는 부드러웠다. 노 의원은 편안함을 느꼈지만 긴장을 풀지 않았다.

그러고는 침묵이 흘렀다. 김 총재는 무언가 깊이 생각하는 눈치였다. 노 의원은 그럴수록 속으로 김 총재가 어떤 말을 해도 의원직 사퇴를 번복하지 않을 것을 다짐했다. 이윽고 김 총재가 말문을 열었다.

"노 의원, 그래 얼마나 마음이 아픈가? 내 노 의원 마음 다 안다. 충분히 이해하고말고. 우리 정치판이 너무 험해서 그렇지. 노 의원처럼 깨끗한 사람이 버텨 나갈 곳이 못 되는 것 같아. 그렇게 깨끗한 사람들이 소신껏 일을 할 수 있는 정치가 되어야 할 텐데……."

노 의원에게 김 총재의 태도는 정말 뜻밖이었다. 그러나 그다음 말은 더 뜻밖이었다.

"어디 가서 좀 더 쉬게나. 낚시라도 하면서……."

김 총재의 말은 그게 전부였다. 사퇴를 번복하라는 사퇴의 '사' 자도 입에 올리지 않았다. 게다가 김 총재는 낚시하는 데 쓰라며 200만 원이 든 돈 봉투를 직접 노 의원의 손에 쥐어 주었다.

노 의원은 순간 당황했다. 김 총재가 사퇴를 번복하라는 말을 할 것에 대한 대응만 생각했는데……. 돈 봉투는 받아도 되는 것일까?

온갖 의문과 궁금증이 머릿속을 떠나지 않고 빙글빙글 맴돌았다.

그러다가 노 의원은 김 총재가 그야말로 사람들의 마음을 움직이는 데에는 아주 도가 통한 사람이라는 걸 알았다.

결국 노 의원은 국회의원 사퇴서를 낸 지 17일 만에 사퇴 의사를 철회했다. 노 의원으로서는 국회의원으로 제대로 일을 하고 싶었다. 그저 다른 의원들처럼 총재의 말에 따라 움직이는 꼭두각시가 되고 싶지는 않았다.

그런 가운데 노 의원이 온 국민에게 더 깊은 인상을 심어 준 사건이 일어났다.

1989년 12월 31일, 한 해가 끝나는 날 제5공화국의 대통령이었던 전두환 전 대통령이 '광주 민주화 운동 청문회'에 나온 날이었다. 전두환 전 대통령은 바로 군사 쿠데타로 정권을 잡은 제5공화국의 우두머리였다.

전두환 전 대통령도 증인으로 나와 의원들의 질문을 받고 증언을 해야 한다는 여론이 있었지만, 당시 의원들은 청문회에 예외를 두어 전두환 씨는 국회에 나와 일방적인 연설만 하기로 되어 있었다.

전두환 전 대통령은 증언대에 서서 자신은 광주 민주화 운동과 관련해 죄가 없다고 주장했다. 그러자 야당 의원들이 웅성거렸다.

노 의원이 앞으로 나서며 소리쳤다.

"당신이 광주학살에 책임이 없다는 말이오? 당신은 살인마요!"

분노한 노 의원은 참을 수 없다는 듯 울분과 항의의 표시로 자신의 국회의원 명패를 바닥에 집어던졌다.

그 장면은 고스란히 전국에 생방송으로 중계되었다. 그것을 본 국민들은 신선한 충격을 받았으며, 노무현 의원에 대해 너무도 강렬한 인상을 갖게 되었다.

'어느 날 아침에 일어나 보니 유명해져 있었다.'

이 말은 영국의 시인 바이런이 《차일드 헤럴드의 편력》이란 시집을 출판한 다음날 한 말이었다. 그와 마찬가지로 노무현 의원은 텔레비전이 만든 첫 스타 정치인으로, 청문회는 그를 하루아침에 너무도 유명하게 만들었다.

## 이의 있습니다

1990년 새해는 노무현 의원에게 '청문회 스타'란 별명이 따라붙은 채 밝아 왔다.

노 의원은 새해맞이로 바빴다. 지난 1년 6개월 동안 국회의원 생활을 한 것을 바탕으로 젊은 야당 의원들과 새로운 정치를 해 나가야겠다고 다짐했다.

노 의원이 새로운 정치에 대한 꿈을 꾸고 있을 때, 각 당을 대표하는 정치지도자 세 사람은 너무나 엄청난 일을 꾸미고 있었다. 그 일은 노 의원을 한순간 혼란과 고독의 벼랑으로 떨어트리게 한 대사건이었다.

정치적인 색깔이 달라도 너무 다른 세 사람, 즉 당시 집권 여당인 민주정의당 총재 노태우 대통령, 야당인 신민주공화당 김종필 총재, 그리고 통일민주당 김영삼 총재가 각자의 당을 하나로 합치기로 했다고 발표했다.

1990년 1월 22일, 세 당의 지도자는 '3당 합당'을 선언하고 민주자유당이라는 정당을 새로 만들어 버렸다.

크고 작은 정당을 서로 합치는 합당은 예전에도 몇 번 있어 왔다. 그러나 이번 '3당 합당'처럼 정치적인 가치관도 전혀 다르고 정책도 다른 당이 합쳐진 경우는 없었다.

함께 야당의 통합을 외치던 젊은 의원들과 민주정의당과는 절대 합칠 수 없다고 말하던 중진 의원들이 김영삼 총재의 말에 따라 우르르 합당을 하러 떠나갔다.

한마디로 말해 노 의원은 이제 따돌림을 당하는 상황이 되어 버렸다. 모두가 떠나고 없는 곳에 또 한 사람 김정길 의원만 남아 있었다. 통일민주당에서 딱 두 사람만이 합당에 찬성하지 않은 것이었다.

노 의원 사무실을 찾아온 김정길 의원은 아무 말 없이 창밖을 내다보며 눈물을 흘렸다. 그날따라 창밖에는 눈이 펑펑 쏟아지고 있었다.

'정치란 것이 이래도 되는가?'

황량한 벌판에 둘만이 외롭게 버려져 있는 느낌이었다. 노 의원은 자신이 참으로 무섭고 냉혹한 세계에 몸담고 있다는 것을 뼈저리게 느꼈다.

"이런 어이없는 일이 생기다니! 이 땅의 민주화를 위해 투쟁하고 민주주의 제단에 피를 뿌리겠다고 맹세한 사람이 민주투사를 탄압하고 광주시민을 무자비하게 죽이고 가둔 군사독재 세력과 손을 잡다니……. 이건 악몽이다."

노 의원은 김영삼 총재의 배신에 할 말을 잃었다.

노 의원의 말문을 막히게 한 사람은 사실 너무도 많았다. 3당 합당이 발표되던 날, 감당할 수 없는 충격에 빠진 노 의원에게 한 선배 의원이 김 총재를 거론하면서 말했다.

"이 영감쟁이 완전히 돌았어. 말이 되는 걸 해야지. 어떻게 이런 일을 할 수가 있나. 싸우시오! 우리가 힘이 되어 줄 테니. 어떻게든 싸우시오!"

그리고 또 어떤 나이 많은 선배는 노 의원의 손을 꽉 잡으며 비장한 목소리로 말했다.

"열심히들 하시오. 우리도 힘을 모으겠소."

그러나 그 열렬한 지원군과도 같았던 선배들의 격려는 며칠 안 가서 물거품이 되고 말았다. 그리고 거의 마지막 순간까지 노 의원과 김정길 의원에게 "당신들 두 사람이 모두 따라간다고 해도 난 혼자서라도 야당에 남을 것이오"라고 말했던 사람도 끝내 그들과 합쳤다.

모든 약속과 믿음들이 다 허공에 흩어져 버린 곳에서 노 의원과 김정길 의원 두 사람만 남았다. 두 사람은 거짓과 배신에 대한 분노와 쓰라림, 그리고 그런 정치에 대한 환멸을 곱씹으며 내리는 눈을 바라보았다.

김영삼 총재는 노무현 변호사를 정치판에 끌어들여 국회의원이 되게 해준 '정치 선배'였다. 그러나 노무현 의원이 보기에 김영삼 총재는 목적을 달성하기 위해서는 '정치적 신의도 없고 역사의식도 없는 사람'일 뿐이었다. 이제 더 이상 그와 같은 길을 걸을 수 없었다.

노 의원이 보기에 3당 합당은 어떤 그럴 듯한 말로 꾸며서 말해도 정당하지 못한 일이었다. 그것은 '민주화 운동'에 대한 참담한 배신이며 '부도덕한 야합'일 뿐이었다.

3당 합당 선언과 함께 통일민주당의 임시전당대회가 열렸다. 통일민주당을 해체하자는 자리였다. 사회자가 당원들에게 3당 합당에 대해 의견을 물었다.

"3당 합당에 이의가 있습니까?"

그러자 대회장에 모인 수많은 당원들이 쥐 죽은 듯 가만히 있으면서 아무도 대답을 하지 않았다. 몇몇 사람이 혼잣말을 하듯 웅성거렸다.

그때 한 사람이 자리에서 벌떡 일어나 외쳤다.

"이의 있습니다!"

바로 노무현 의원이었다. 대회장 안은 갑자기 찬물을 끼얹은 듯 조용했다.

"3당 합당은 안 됩니다. 이것은 야권을 분열시키고 군부독재에 면죄부를 주는 정치 야합입니다. 나는 결코 이 따위 야합을 받아들일 수 없습니다."

그렇게 당당한 주장을 한 뒤 노 의원은 정치에 대한 실망만을 가득 안은 채 대회장을 걸어 나왔다.

노 의원의 적극적인 반대에도 불구하고 3당 합당은 순조롭게 성사되어 새로운 민자당이 만들어졌다. 3당이 합쳐지는 것을 반대하기 위해 1천만 명 서명 운동도 일어났다. 전국 57개 대학의 1,041명이나 되는 교수들이 민자당을 해체해야 한다며 시국성명을 발표했다.

"도저히 참을 수 없는 일이야!"

노 의원은 끝끝내 민자당에 소속되는 것을 거부했다.

1990년 6월 6일, 그는 이철, 김정길 의원과 함께 무소속으로 있던 이기택 의원을 새로운 총재로 하는 민주당을 만들었다. 그날은 바로 노무현 의원이 정치적으로 엄청난 고난의 길로 접어든 날이기도 했다.

전체 299명인 국회의원 가운데 민자당은 216명으로 국회 의석의 3분의 2가 넘는 거대한 정당이 되었다. 민자당은 더 이상 견제

할 세력이 없어 모든 법안을 자신들 마음대로 처리할 수 있게 되었다.

민자당은 국회 안에서 충분한 토의를 한 뒤에 법안 처리를 할 수도 있었는데, 국회조직법 개정안 등 26개 안건을 단 25초 만에 처리해 버렸다.

그 모습을 지켜보던 민주당 의원들은 할 말을 잃어버렸다.

"이건 엉터리야. 무효야, 무효!"

"국회가 아주 날치기 처리의 본때를 보여 주는군."

국민들은 민자당을 비난하면서 3당 합당의 피해를 고스란히 뒤집어쓰고 있다고 생각했다.

그로부터 얼마 뒤 노 의원은 민주당의 대변인이 되었다. 대변인은 당의 공식적인 의견을 알리는 입이었다.

노 의원이 대변인으로 임명된 다음날 조선일보사에서 발행하는 주간조선이라는 주간지에서 '통합야당 대변인 노무현은 과연 상당한 재산가인가?' 라는 제목의 기사가 실렸다. 그 기사의 주된 내용은 노무현 의원이 변호사 시절 상당한 돈을 모아둔 재력가로 호화롭고 비싼 요트의 주인이라는 것이었다.

노 의원은 즉시 조선일보를 상대로 명예훼손 소송을 제기했다. 그런 노 의원을 보고 사람들이 수군거렸다.

"거대한 신문사와 소송이라니……, 뭘 어떻게 하겠다는 거야!"

"초선 의원이라서 뭘 몰라 순진한 건가?"

노 의원이 조선일보를 상대로 소송을 제기했다는 말을 듣고 김영삼 대표(민자당 대표)조차 이렇게 말했다.

"노 의원, 그 사람은 무슨 정치를 그렇게 하지?"

그 이야기는 노 의원에게까지 들려왔다. 만일 김 대표가 그렇게 말하는 자리에 노 의원이 있었다면 노 의원은 이렇게 말했을 거라고 생각했다.

"그것이 김 대표님과 제가 다른 점일 것입니다."

그처럼 여러 사람들의 조롱 섞인 걱정에도 불구하고 제1심 재판정은 노 의원에게 승리를 안겨 주었다. 조선일보는 노무현 의원에게 2,000만 원을 지급하라는 법원의 판결이 떨어졌다.

대부분의 정치인들이 맞서 상대하기 싫어하는 거대 언론사를 상대로 소송을 해서 이긴 것이었다. 그러나 이것은 장차 노무현과 조선일보 같은 보수 언론이 끊임없는 불화를 빚는 본격적인 실마리가 되었다.

노 의원이 3당 합당 때 김영삼 총재의 말을 듣지 않고 입당하지 않자, 부산 지역의 여론은 좋지 않았다. 김영삼 씨의 말이라면 무조

건 믿고 따르는 게 부산 지역의 민심이었다.

부산 시민들은 노 의원을 보고 '김영삼에게 등을 돌린 배신자'라고도 했다. 부산 지역의 민심이 떠난 것을 알자 노 의원은 씁쓸한 마음을 가눌 길이 없었다.

'3당 합당은 무슨 말로 포장을 해도 옳지 않은 것이다.'

노 의원은 분명 그런 믿음을 가지고 있었지만, 부산 시민들은 김영삼 대표가 대통령이 되기 위해 호랑이굴로 들어간 것이라 여겼다.

1992년 3월 24일, 제14대 국회의원 선거가 치러졌다. 노 의원은 민주당 후보로 지난번 자신을 뽑아 준 부산 동구에 다시 출마했다. 지난번 국회의원 선거에서 노무현을 한껏 추켜 세워준 김영삼 대표가 이번에는 그의 경쟁 후보인 허삼수 후보를 지지하면서 말했다.

"허삼수 씨는 충직한 군인이었습니다. 허삼수 씨를 뽑아 주신다면 제가 소중하게 쓰겠습니다. 저를 대통령으로 만들어 주시기 위해서도 허삼수 씨를 국회의원으로 뽑아 주십시오."

불과 4년 전에 "허삼수 씨는 반란을 일으킨 군인입니다"라고 하던 것과는 하늘과 땅 차이 같은 소리를 했다.

노무현은 선거 결과에서 패배하고 말았다. 정치를 시작한 지 꼭

4년 만에 실업자가 되었다. '청문회 스타'라고 열렬한 지지를 받다가, 3당 합당을 반대하고 김영삼 총재와 갈라서면서 국회의원 재선에 실패하였다.

'이제야말로 홀가분하게 정치판을 떠나야 하는 때가 아닐까?'
'내가 노력이 부족한 것은 아니었을까?'

노무현은 이런저런 생각을 하며 정치에 대해 더 깊은 고민을 했다. 그러다가 결국 자신은 아무것도 남아 있지 않은 상태에서 새롭게 시작해야 한다고 생각했다. 정치를 하기로 처음 마음먹었을 때를 떠올렸다.

처음 국회의원이 된 것은 김영삼이라는 정치 거물의 힘에 기대어 당선된 것이었다. 그렇기에 이제는 스스로 당당하게 일어서야 한다고 생각했다.

낙선이 그에게서 모든 것을 빼앗아 간 것만은 아니었다. 비록 선거에는 떨어졌지만 민주당에서 노무현을 최연소 최고위원으로 뽑아 주었다. 정당의 최고위원은 그 당의 정책을 세우고 중요한 의사 결정을 하는 자리였다.

"나이도 어리고 연륜도 짧은 저를 최고위원으로 뽑아 주셔서 감사합니다. 당을 위해 온몸을 바쳐 정성을 다하겠습니다."

노무현은 현직 국회의원은 아니었지만, 좀 더 넓은 시각으로 정치를 배워 나갈 수 있었다. 이때부터 노무현은 출세할 기회만 쫓아다니는 정치인이 아니라 원칙과 소신을 지키는 친근하고 서민적인 정치인으로 자리매김하게 되었다.

## 농부는 밭을 탓하지 않는다

 

1994년 초에 노무현은 지방자치실무연구소를 만들었다. 또한 부산에는 부산지역정책연구소도 차렸다. 새로운 시대는 수도권보다도 지방화시대가 될 것이고, 되어야 함을 확신하여 이를 대비하기 위한 것이었다.

노무현은 1994년에 자신이 살아온 이야기를 담은 최초의 책 《여보, 나 좀 도와줘》를 펴냈다. 여기에서 자신에 대해 솔직히 고백하고 정치적인 신념을 사실 그대로 밝혔는데, 노무현은 '원칙과 상식에 기준을 두고 정치를 하려 한다'는 점을 분명히 했다.

1995년에 지방 자치단체장을 뽑는 선거가 치러졌다.

"저는 부산광역시장 선거에 나가겠습니다."

노무현은 민주당 소속으로 부산광역시장 후보로 출마했다. 선거 전 여론 조사에서 노무현 후보는 단연 1위였다. 거의 모든 사람들이 노무현을 알고 있었으며, 부산에서 국회의원 재선에는 실패했지만 시장은 꼭 될 거라고 여겼다.

노무현은 연설을 할 때마다 힘차게 외쳤다.

"원칙과 소신을 굽히지 않는 저 노무현 같은 정치인도 우리 사회에서 성공할 수 있다는 것을 보여 주십시오! 우리 아이들에게 꿈과 희망을 주는 역사를 한번 만들어 볼 수 있도록 이 노무현을 밀어 주십시오!"

그러나 결과는 패배였다. 당시 김영삼 대통령과 같은 민자당 소속이 아니란 것이 가장 큰 이유였다. 청문회 스타로 인기가 높았던 노무현이었지만 지역주의 장벽에 가로막혀 버린 것이었다.

우리나라는 언제부터인지 모르게 선거철만 되면 경상도, 전라도, 충청도로 나뉘는 지역주의 풍조가 생겼다. 그리하여 자기 지방의 지지를 받는 정당의 특정 후보에게 표를 몰아주었다. 후보로 나온 사람의 됨됨이나 정치적인 능력을 보고 투표하는 것이 아니라 그가 어디 출신이냐, 또 어떤 당의 공천을 받았느냐에 따라 투표를 하는 것이었다.

따라서 선거 때만 되면 국민의 마음을 두 갈래, 세 갈래로 찢어

놓는 지역감정이 생겨났다. 그 지역감정이란 것은 이른바 '3김'이라 불리는 사람들 때문에 더욱 크고 넓게 퍼져 나갔다. 경상도 출신인 김영삼 씨, 전라도 출신인 김대중 씨, 충청도 출신인 김종필 씨가 각 지역의 대표적인 인물로 떠올라 서로 정치적으로 대립하는 상황이 만들어졌다.

다시 해가 바뀌어 1996년 제15대 국회의원 선거가 치러졌다. 노무현은 이번에도 부산 지역에 출마하여 그 동안 두 번의 선거에서 실패한 것을 보상받으려고 했다. 그러나 당시 정치판에서 3당 합당을 줄기차게 비판해 온 노무현은 전국적인 관심이 쏠리는 서울 종로구에서 출마해야 한다는 민주당의 선거 전략에 따라 종로구에서 출마했다.

그러나 결과는 참패였다. 노무현은 종로에서 3위를 하고 말았다. 이처럼 거듭된 선거 실패에도 불구하고 노무현은 좌절하지 않았다.

지역주의를 버리고 흩어진 민심을 모으기 위한 국민통합추진회의가 생겨났다. 노무현은 그곳에 참여하여 활동했다.

또한 1997년에 노무현은 자신의 경력에 새로운 한 가지를 보태게 되었다. SBS라디오 방송에서 '노무현·김자영의 뉴스대행진'을 맡아 진행했다. 특유의 말솜씨를 자랑하는 노무현이 사회 전반에 대한 이야기를 들려주는 라디오 방송이었다.

그리 오랫동안 진행한 라디오 방송은 아니었지만, 이는 정치인 노무현보다 보통 사람의 매력이 듬뿍 묻어나는 '인간 노무현'을 알리는 소중한 기회가 되었다.

1997년 말, 노무현은 김대중 씨가 총재로 있는 새정치국민회의에 입당하여 부총재가 되었다. 그 해 12월에는 제15대 대통령 선거가 있었다. 노무현은 김대중 후보를 위해 텔레비전에 출연해 찬조 연설을 하였다.

1997년 12월 18일, 새정치국민회의 총재인 김대중 씨가 대통령에 당선되었다. 노무현으로서는 난생처음 집권 여당의 일원이 되었다. 그리고 머지않아 노무현은 다시 국회의원이 될 기회를 맞이하였다.

1998년 7월, 노무현은 이명박 의원이 의원직을 잃게 된 종로구 제15대 국회의원 보궐선거에 출마했다. 그리고 마침내 당선하여 다시 국회의원이 된 노무현은 국회로 들어갈 수 있었다. 6년 만에 의원이 된 노무현은 누구보다도 열심히 활동했다.

노무현 의원은 정치 업무 표준화 시스템인 '노하우 2000'을 개발했다. 이것은 당시 노무현 의원의 두드러진 업적이 되었다.

보궐선거로 당선된 만큼 제15대 국회의원으로 활동할 수 있는 기간은 채 2년이 되지 않았다. 2000년 4월 13일에 치러질 제16대 국회의원 선거가 다가온 1999년 말에 노무현은 주변 사람들에게 중대한 결심을 발표했다.

"다음 국회의원 선거에서는 종로구를 포기하고 부산에서 출마하겠습니다."

그러자 주위 사람들이 모두 나서서 반대했다. 누구보다도 깨끗하고 열심히 일한 노무현이 종로구에 출마하면 쉽게 당선될 수 있는데, 김대중 대통령이 총재로 있는 새천년민주당 소속으로 부산에서 나오면 낙선할 것이라고 했다.

노무현은 주위의 반대를 무릅쓰고 자신의 결심을 실행에 옮겼다. 자신이 그동안 줄기차게 외쳐 온 지역주의 장벽을 무너뜨리기 위해서는 호남 출신이 총재로 있는 당의 공천을 받아 영남 지역에서 출마해야 한다고 믿었다.

결국 노무현은 많은 사람들의 만류에도 불구하고 부산 북강서을 지역에 출마했다. 선거에 나선 노무현은 힘차게 외쳤다.

"이 나라의 제대로 된 정치 문화를 바로세우기 위해서는 지역주의 장벽을 버려야 합니다. 저 노무현이 지역주의를 깨트리기 위해 서울 종로구를 포기하고 여기 부산에 왔습니다."

노무현은 그렇게 힘주어 지역주의를 극복하기 위해 노력했다.

그러나 선거 결과는 참담한 패배였다. 노무현은 허태열 후보에게 지고 말았다. 당시 부산 선거구 여론 조사에서는 노무현이 허태열 후보보다 16~17퍼센트나 앞선다고 했으나 결국 선거에서는 지고 말았다.

노무현이 주장한 지역주의라는 벽을 뛰어넘는 일은 불가능한 것처럼 보였다.

노무현은 부산에서 첫 번째 출마할 때 외에는 세 번이나 패배를

맛보았다. 경상도 출신인 그가 전라도를 기반으로 한 당으로 나왔기에 많은 사람들에게 인기가 있으면서도 선거에서는 번번이 실패하였다.

비록 국회의원 선거에서 떨어졌지만 노무현은 실망하지 않았다. 오히려 그의 가슴 속에서는 어떻게 해서든지 반드시 지역주의 장벽을 뛰어넘어야겠다는 다짐이 더욱 크게 불끈거렸다.

노무현은 자신을 떨어트린 부산 시민들을 결코 원망하지 않았다. 그는 오히려 이렇게 말했다.

"농부는 곡식이 잘 자라지 않는다고 해서 밭을 탓하지 않습니다. 제가 부족한 것이지 어찌 부산 시민을 탓하겠습니까?"

노무현이 부산 선거에서 낙선한 지 얼마 안 되어 인터넷을 중심으로 새로운 별명이 만들어졌다.

'바보 노무현!'

사람들 사이에서는 이런 말이 오고갔다.

"노무현이라는 사람은 정말 이해할 수 없어."

"뭘 이해할 수 없다는 거야?"

"종로에서 나왔으면 틀림없이 당선됐을 텐데……. 부산에서 출마하면 떨어질 것을 알면서도 왜 출마를 하냔 말이야!"

"아이고, 그 이유를 몰라? 노무현은 지역주의를 깨트리기 위해서 그리 한 것이지. 그는 원칙과 소신이 있는 바보 같은 사람이야!"

"뭐? 바보! 하하하!"

"그럼 바보 노무현이라고 불러야겠네."

그렇게 해서 노무현의 별명은 '바보 노무현'이 되었다.

노무현의 홈페이지에는 네티즌들의 글이 점점 늘어났다. 글의 내용은 거의 다 노무현을 격려하고, 나라를 망하게 하는 병인 지역주의를 꼭 극복해 달라는 것이었다.

네티즌들은 노무현의 가치를 제대로 인정하기 시작했다. 그러다가 2000년 4월 15일에 노무현의 홈페이지 자유게시판에 '늙은 여우'라는 아이디를 쓰는 한 네티즌이 '노무현 팬클럽'을 만들자고 제안했다. 그러자 수많은 네티즌들이 그의 의견에 찬성하여 자발적으로 회원 가입을 했다.

이로써 우리나라 최초의 정치인 팬클럽인 '노무현을 사랑하는 사람들의 모임'(노사모)이 생겨나게 되었다. 회원들 수는 며칠 사이에 수천 명이 되었다.

그해 5월 7일 대전에서 각 지역 회원들이 모여 팬클럽 창단 모임을 갖고 정치인 노무현을 후원하기로 했다.

이 모임에서 '노사모'라는 공식 명칭이 정해졌다. 노사모는 전국을 6개 구역(수도권, 충청, 호남, 영남, 강원, 제주)으로 나누어서 지역

별 모임을 갖게 되었다. 그리고 열흘 뒤인 5월 17일, 노사모의 공식 홈페이지를 개설했다.

그들은 모두 지역주의를 극복하려 한 바보 같은 노무현에 감동하였다. 노사모는 일반 국민이 정치인을 위해 자발적으로 모임을 만든 세계 최초의 온라인 팬클럽이 되었다. 그때까지 팬클럽이라면 인기 있는 연예인들만 만들어져 있었다.

노사모 회원들은 곧바로 노무현의 열렬한 지지자가 되었다. 노무현이 내세운 '지역주의 타파'와 '원칙과 상식이 통하는 반칙과 특권 없는 세상'은 노사모 회원들의 공감을 불러일으키는 소중한 구호가 되었다.

노사모는 다음과 같은 몇 가지 원칙을 정해 놓고 노무현을 지지하며 활동을 시작했다.

첫째, 노사모는 지역주의가 나라를 망하게 하는 길이라는 믿음으로 지역감정을 자극하는 어떠한 정치적 논리나 정치인도 단호히 거부한다.

둘째, 노사모는 지역주의에 정면으로 맞서 싸우는 정치인 노무현을 적극 지지하고 그가 언제나 올바른 길을 갈 수 있도록 비판과 견제를 함께 한다.

셋째, 노사모의 모든 의사 결정은 자주성과 민주적 운영에 기초

한 참여 민주주의를 원칙으로 하며 사이버 공간을 통한 건전하고 합리적인 토론 문화 정착에 앞장선다.

이러한 노사모의 활동은 머지않아 '돈, 조직, 계보'가 없는 바보 노무현을 대한민국 대통령으로 만드는 데 커다란 이바지를 하게 되었다.

노사모가 활동을 시작할 무렵 노무현에게 기쁜 소식이 전해졌다. 김대중 대통령이 새로 장관을 임명하면서 노무현에게 해양수산부 장관을 맡아달라고 한 것이다.

노무현은 나라와 국민을 위해 열심히 일할 것을 다짐하고 장관으로 취임하였다. 그는 장관으로 일하면서 부하 직원들과 대화 나누는 것을 좋아했다.

"장관에게 하고 싶은 말은 직접 해도 좋고 이메일로 보내셔도 됩니다. 제가 필요하면 언제든지 말하십시오."

노무현은 해양수산부 직원들과 자주 어울리며 수평적인 토론 문화를 만들었다. 그리고 열심히 일하는 사람에게는 격려를 아끼지 않았다.

노무현은 2000년 8월부터 2001년 3월까지 해양수산부 장관으로 일했다. 비록 7개월 남짓한 짧은 기간을 장관으로 있었지만 노무현에게 이는 소중한 국정 운영 경험이었다.

당시 노무현은 장관으로서 모든 불필요한 권위는 버리고 낮은 자세의 리더십으로 공무원 사회에 새로운 바람을 불러일으켰다는 긍정적인 평가를 받았다.

그러나 2002년 대통령 선거와 관련해서 한국 정치판에서는 운명처럼 노무현이 가장 싫어하는 상황이 벌어지고 있었다.

# 대한민국 제16대 대통령 노무현

 2002년은 제16대 대통령을 뽑는 선거가 있는 해였다. 대통령 선거를 위해 정치판은 소용돌이치고 있었다. 김대중 대통령을 당선시킨 새정치국민회의는 2000년 초에 새천년민주당(민주당)으로 이름을 바꾸었다. 노무현은 새천년민주당 당원이었다.
 새천년민주당은 대통령 후보를 우리나라에서는 최초로 당원과 국민의 투표로 뽑는 '국민경선제'를 실시한다고 발표했다. 국민경선제는 전국 16개 시도를 돌면서 당원(50퍼센트)들과 일반국민(50퍼센트)들이 대통령 후보에 직접 투표하는 방식이었다.
 당시 새천년민주당의 대통령 후보가 되면 한나라당에서는 김대중 대통령과 겨뤘던 이회창 총재가 다시 후보로 나와 그와 상대할 것으로 예상되었다.

노무현은 대통령 후보가 되는 것에 대해 고민하기 시작했다. 그러다가 노무현의 결심에 불을 지른 사람이 나타났다. 바로 이인제 씨였다.

이인제 씨는 1997년 대통령 선거에서 한나라당 예비후보로 나와 당내 경선에서 이회창 후보에게 졌다. 그러자 그는 경선을 받아들일 수 없다고 선언하고 국민신당을 만들어 대통령 후보가 되어 3등을 하였다. 그 뒤 다시 대통령 선거철이 가까워오자 이번에는 민주당 대선 후보가 되기 위해 민주당으로 입당하였다. 당시 가장 주목받는 차세대 정치인이었던 김민석 씨 등 이른바 386세대 정치인 일부가 이인제 씨에 대한 지지를 선언했다.

노무현으로서는 그런 상황을 그냥 바라볼 수가 없었다. 그가 말했다.

"이인제 씨는 3당 합당 때 김영삼 씨를 따라갔으며, 경선을 하고도 결과에 승복하지 않고 다시 당을 옮겼습니다. 이는 원칙을 지키지 않는 반칙 행위이며, 정치 윤리적으로 있을 수 없는 일을 한 것입니다."

원칙을 중요하게 여기는 노무현은 반칙을 싫어했다. 그리고 그것보다 더 싫어한 것은 반칙을 한 사람이 성공하는 모습을 보는 것

대한민국 제16대 대통령 노무현

이었다. 노무현은 '정의가 승리하는 것'을 보고 싶어 했다. 그래서 그는 반칙을 한 이인제 씨를 패배시키기 위해 대통령 후보 출마를 결심했다.

노무현은 2001년 12월 10일 서울 힐튼 호텔에서 2002년 대통령 선거 출마를 공식 선언했다. 출마 선언 연설에서 노무현은 이렇게 말했다.

"600년 동안 한국에서 부귀영화를 누리고자 하는 사람은 모두 권력에 줄을 서서 손바닥을 비비고 머리를 조아려야 했습니다. 그저 밥이나 먹고 살고 싶으면 세상에서 어떤 부정이 저질러져도, 어떤 불의가 눈앞에서 벌어지고 있어도, 강자가 부당하게 약자를 짓밟고 있어도 모른 척하고 고개 숙이고 외면해야 했습니다.

눈 감고 귀 막고 비굴한 삶을 사는 사람만이 목숨을 부지하면서 밥이라도 먹고 살 수 있었던 우리 600년의 역사. 제 어머니가 제게 남겨 주셨던 가훈은 '야 이놈아, 모난 돌이 정 맞는다. 계란으로 바위 치기다. 바람 부는 대로 물결치는 대로 눈치 보면서 살아라'였습니다. 1980년대 시위를 하다가 감옥 간 우리의 정의롭고 혈기 넘치는 젊은 아이들에게 그 어머니들이 간곡히 타일렀던 그들의 가훈 역시 '야 이놈아, 계란으로 바위 치기다', '그만둬라', '너는 뒤로 빠져라'였습니다.

이 비겁한 교훈을 가르쳐야 했던 우리의 600년 역사, 이 역사를 청산해야 합니다. 권력에 맞서서 당당하게 권력을 한번 쟁취하는 우리 역사가 이뤄져야만 이제 비로소 우리 젊은이들이 떳떳하게 정의를 이야기할 수 있고, 떳떳하게 불의에 맞설 수 있는 새로운 역사를 만들어 낼 수 있습니다."

불의를 이기고 정의가 승리하는 사회. 노무현은 스스로 대통령에 당선되어 그것을 증명하려고 했다. 노무현은 고졸 출신 변호사로 정치세계에 발을 들여놓아 주류가 되지 못하고 비주류로 떠돌던 정치인이, 온갖 어려움 속에서도 원칙을 지켰던 사람이 대통령 자리에 오름으로써 성공하는 모습을 보여 주어, 젊은이와 아이들이 '떳떳하게 정의를 이야기' 할 수 있는 세상을 만들고 싶어 했다.

민주당 대통령 후보 경선에는 노무현 후보를 비롯하여 모두 7명이 후보로 나서서 승부를 겨뤘다. 노무현이 민주당 경선에 나서겠다고 선언하자 1만 명을 훌쩍 넘었던 노사모 회원 수는 나날이 늘어 갔다.

2002년 3월, 민주당 국민 경선은 제주도에서부터 시작되었다. 노무현 후보는 제주에서 3위를 했다. 노사모 회원들은 인터넷에서 더욱 활발하게 노무현 후보를 알렸으며, 실제로 경선 장소에 나와 노무현을 연호하며 열렬한 지지를 보냈다.

두 번째 경선 지역인 울산광역시에서는 노무현 후보가 가볍게 1위를 했다. 세 번째 경선지는 광주광역시였다. 사람들은 경상도 출신인 노무현보다 다른 후보가 더 앞설 것이라고 예상했다. 그러나 결과는 뜻밖으로, 노무현이 광주에서 1위를 했다.

노무현이 그동안 줄기차게 외쳐 온 '지역주의 타파'가 빛을 발하는 순간이었다. 나라를 망치는 지역감정을 없애고 정정당당한 정치를 하자는 주장을 한 노무현의 노력을 광주 시민들이 알아주기 시작했다.

노무현 후보는 연단에 나가 광주에서의 승리에 대해 이렇게 외쳤다.

"오늘 이 노무현의 승리를 저만의 승리가 아닌 광주의 승리, 민주당의 승리, 한국 민주주의의 승리로 반드시 이어질 수 있게 하겠습니다."

노무현은 전라도 사람들의 압도적인 지지를 받는 경상도 출신 후보가 되었다. 이는 노무현이 그렇게도 바라던 지역주의 벽을 허무는 발판이 되었다.

노무현에 대한 지지 열풍이 일어나기 시작하자 이인제 후보 측에서 새로운 선거 전략을 들고 나왔다. 이인제 후보가 경선 투표장에서 노무현 후보를 비방하고 나섰다.

"노무현 후보의 장인은 6·25전쟁 당시 공산주의자로 활동했습니다. 그런 공산주의자를 장인으로 둔 사람이 어떻게 대한민국의 대통령이 될 수 있겠습니까?"

그러자 경선 투표장은 걷잡을 수 없이 술렁거렸다. 이인제 후보의 공격을 받은 노무현이 연단에 나서서 차분하게 외쳤다.

"제 장인은 좌익 활동을 하다가 돌아가셨습니다. 그 문제 때문에 평생 가슴에 한을 묻어 온 아내가 또다시 아버지 일로 눈물을 흘려야 하겠습니까? 이런 아내를 제가 버려야 합니까? 대통령이 되겠다고 사랑하는 부인을 버리란 말입니까? 그렇게 하면 대통령 자격이 있고, 아내를 그대로 사랑하면 대통령 자격이 없다는 것입니까? 여러분, 이 자리에서 여러분이 심판해 주십시오."

노무현의 솔직하고 애절한 한마디는 오히려 국민들의 가슴을 뭉클하게 했다. 그의 인기는 날로 드높아졌다. 노무현 후보는 경선 장소에 아내와 함께 참석하여 다시는 그런 비판이 나오지 않게 했다. 경선을 하면 할수록 노무현 후보의 인기는 날로 높아져 갔다.

마침내 2002년 4월 26일, 서울에서 마지막 경선 대회가 열렸다. 그곳에서 노무현 후보는 제1 여당인 새천년민주당의 제16대 대통령 선거 후보로 결정되었다.

여당의 대통령 후보가 되었다고 해서 반드시 대통령이 될 수 있는 것은 아니었다. 각종 여론 조사에서는 한나라당 후보인 이회창 씨가 한참 앞서고 있었다.

제16대 대통령 선거가 있던 해에는 '2002한일월드컵축구대회'가 개최되었다. 우리나라와 일본이 함께 개최한 월드컵에서 황선홍, 안정환, 박지성 같은 축구선수들이 열심히 해주어서 이른바 '4강 신화'를 만들어 냈다. 월드컵이 열리는 한 달여 동안 우리나라는 온통 축제 분위기에 휩싸였다.

정몽준 씨는 대한축구협회 회장으로서 월드컵을 성공적으로 이끈 인물이다. 월드컵 '4강 신화'에 힘입어 대통령 후보로 나선 정몽준 씨도 돌풍을 일으켰다.

"이회창 후보는 물론 정몽준 후보한테도 밀리고 지는 거 아냐?"

노무현 후보는 여론 조사에서 자꾸만 밀리고 있었다. 그러자 민주당 내부에서 노무현 후보를 반대하는 사람들이 후보 교체를 요구하며 노무현 후보를 흔들어 댔다.

"노무현으로는 안 돼. 후보를 바꾸어야 해."

어떤 사람은 노골적으로 그렇게 말했다. 그러나 몇 개월에 걸쳐 당원과 국민들이 뽑은 후보를 바꾼다는 것은 말도 안 되는 이야기였다. 그렇긴 해도 민주당 내부에서조차 노무현 후보가 당선되지 못할 것이라고 믿는 사람들이 많아졌다.

정치 전문가들 사이에서도 노무현 후보의 당선을 예상하는 사람은 매우 드물었다. 그때까지 사람들은 한국 정치 후보자로 성공하려면 세 가지 조건을 갖추고 있어야 한다고 철석같이 믿고 있었다. 세 가지 조건은 바로 '돈, 계보, 조직'이었다.

선거를 하려면 많은 돈이 들었다. 그러나 노무현 후보는 돈이 별로 없었다. 계보는 후보자를 둘러싼 인맥 같은 것이었다. 그러나 노무현 후보는 이회창 후보나 정몽준 후보에 비해 별다른 계보를 갖고 있지 않았다.

조직은 선거판을 움직이는 핏줄과도 같은 것이었다. 잘 짜인 조직을 갖고 있는 사람은 어떤 선거에 나오든지 승리할 확률이 높았다. 그러나 노무현 후보는 조직 또한 없었다.

돈, 계보, 조직이 없는 노무현 후보는 그저 열심히 전국을 돌며 자신을 지지해 달라고 호소하는 길밖에 없었다. 하지만 노무현 후보가 아무리 열심히 돌아다니며 연설을 해도 지지율은 높아지지 않았다.

노무현 후보는 고향 부산에 가서 솔직한 마음을 털어놓으며 자신을 지지해 줄 것을 호소했다.

"부산 시민 여러분! 사자는 자신의 새끼를 강하게 키우기 위해 벼랑에 떨어트린 뒤 살아남은 놈만 키운다고 합니다. 이 노무현은 부산에서 비록 세 번이나 선거에 나와 떨어졌지만 이제는 강한 사자처럼 대통령 후보가 되어 돌아왔으니 확실하게 밀어 주십시오!"

노무현 후보는 선거 유세 중에 많은 사람을 만났다. 특히 시장 상인들과 노동자들은 꾸밈없이 소탈한 이미지를 갖고 있는 노무현 후보를 직접 만나게 되자 서서히 그를 지지하게 되었다.

노무현 후보는 문화예술인들이 선물로 준 기타를 익숙한 솜씨로 직접 연주하며 노래를 불렀다. 그가 즐겨 부르는 노래는 '상록수'였다.

저 들에 핀 푸르른 솔잎을 보라
돌보는 사람도 하나 없는데
비바람 맞고 눈보라 쳐도
온 누리 끝까지 맘껏 푸르다


서럽고 쓰리던 지난 날들도
다시는 다시는 오지 말라고
땀 흘리리라 깨우치리라
거치른 들판에 솔잎 되리라

우리들 가진 것 비록 적어도

손에 손 맞잡고 눈물 흘리니

우리 나갈 길 멀고 험해도

깨치고 나아가 끝내 이기리라

노무현 후보가 '상록수'를 부르자마자 그 노래는 어느새 노무현 후보를 상징하는 노래가 되었다. 이처럼 노무현 후보는 차츰차츰 사람들 마음속에 스며들어 여론 조사에서도 잘 나타나지 않는 지지 세력을 넓혀 나갔다.

노무현은 본래 가지고 있는 돈이 적기도 했지만, 그 어느 대통령 선거보다도 많은 돈을 들이지 않는 선거문화를 만들고 싶어 했다. 그런 그의 마음을 알고 '노사모' 회원들이 뭉치기 시작했다.

선거가 막바지에 이르자 노무현 후보의 든든한 후원자인 노사모가 더욱 더 크게 움직이기 시작했다. 노사모 회원들은 모였다 하면 노란 풍선, 노란 목도리를 두르고 '희망돼지 저금통' 모으기 운동을 벌였다. 열렬한 노사모 회원인 영화배우 명계남 씨는 국민 참여 운동본부 100만인 서포터 사업단장이 되어 '희망돼지 저금통'을 만들어 냈다.

'희망돼지 저금통'은 플라스틱으로 만든 돼지 저금통에 동전을 모아 노무현 후보를 지원하는 성금으로 보내 주자는 것이었다. 선거운동 기간 동안 '희망돼지 저금통'으로 60억 원이 넘는 기적 같은 국민 성금이 모였다. 그것은 바보 노무현에 대한 아낌없는 지지를 보내 준 희망의 등불과도 같은 것이었다.

선거 자금이 부족했던 노무현 후보에게 이것은 가뭄 끝에 내린

단비와도 같은 것이었다. 노사모 회원들의 열광적인 지지로 노무현 후보는 애초의 열세를 만회하고 활기에 가득 차게 되었다. 노무현 후보는 가는 곳마다 새로운 힘이 생겨났다.

"저는 국민들에게 많은 빚을 졌습니다. 저는 여러분이 진정으로 원하는 것을 알고 있습니다."

노무현은 이제 원칙을 지키는 정치인, 도덕성 있는 정치인, 그리고 새로운 정치 문화를 이끌 지도자로 우뚝 서게 되었다.

선거가 얼마 안 남은 시점에서 노무현 후보는 극적으로 정몽준 후보와 단일화를 이루어 냈다. 그렇게 해서 쉽게 따라잡을 수 없을 것 같은 이회창 후보와 노무현 후보는 맞대결을 하게 되었다. 두 후보 사이에 숨 막히는 접전이 벌어지고 있었다.

그렇게 한 치 앞을 알 수 없는 대통령 선거에서 또 하나의 파란이 일어났다. 선거 운동 마지막 날, 정몽준 후보가 '단일화 파기 선언'을 한 것이었다. 결국 선거 결과는 그 누구도 예측할 수 없게 되어 버렸다.

그러나 하늘은 노무현의 편이었다.

2002년 12월 19일에 치러진 제16대 대통령 선거에서 노무현은 당선하였다.

"대한민국 제16대 대통령으로 노무현 민주당 후보가 당선되었습니다!"

　노무현은 1천 199만 9천여 표를 얻어 48.9%의 득표율을 기록했으며, 한나라당 이회창 후보는 1천 142만 4천여 표로 46.6%를 기록하여 노무현 후보가 약 57만여 표를 앞섰다.

　노무현 후보는 전국에서 비교적 고른 득표를 보였다. 이로써 그동안 우리나라에서 고질병과도 같았던 지역주의 장벽을 뛰어넘게 되었다. 지역주의 타파는 정치인 노무현이 이루고 싶은 꿈이었다. 그는 그 꿈을 이루었다.

　당선이 확정된 그날 밤, 노무현 대통령 당선자는 기자들 앞에서 말했다.

　"이제부터 대화와 타협의 새로운 시대를 열어 가겠습니다."

# 사람을 위하는 대통령의 길

 뚜렷한 신념과 원칙을 존중하는 정치인 노무현이 대한민국 제16대 대통령이 되었다.
 대통령이 된 노무현은, 내세울 것 없는 서민들에게, 그때그때 최선을 다하며 열심히 살아온 사람들에게 희망을 주는 지도자였다.
 노무현은 가난한 농사꾼의 아들로 태어나 가난에 주눅이 들지는 않았으나 가난 때문에 고등학교밖에 나오지 못했다.
 가난에서 벗어나기 위해 독학으로 사법고시를 공부하여 9년 만에 합격하고 판사를 거쳐 변호사가 되었다. 그리고 부림 사건 변호를 맡으면서 가난한 노동자와 청년들을 대변하는 인권 변호사가 되었다. 그러다가 정치권에 발을 들여놓아 몇 번의 선거 실패로 오히려 원칙과 소신을 지키는 사람이 되어 마침내 대통령이 되었다.

노무현은 그가 걸어온 길 그대로 대통령이 되어서도 원칙과 소신을 지키는 사람이 되기로 하였다.

노무현 대통령은 취임식장에서 '평화와 번영과 도약의 시대로'라는 제목으로 첫 연설을 하면서 이렇게 말했다.

"이제 반칙과 특권이 용납되던 시대는 끝나야 합니다. 정의가 패배하고 기회주의가 세력을 얻는 나쁜 행태는 반드시 없어져야 합니다. 나는 앞으로 원칙을 바로 세워 국민들 사이에서 신뢰가 뿌리내리는 대화와 타협의 시대를 열어 가겠습니다.

정정당당하게 노력하는 사람이 성공하는 사회를 만들겠습니다. 열심히 노력해도 가난을 벗어나지 못하는 억울한 사람이 없는 사회를 만들겠습니다. 정직하고 성실한 대다수 국민이 보람을 느낄 수 있는 사회를 만들겠습니다."

국민들은 새 대통령의 연설을 듣고 서민들의 삶을 잘 아는 서민 대통령이 누구나 잘사는 사회를 만들어 줄 것이라고 굳게 믿었다.

노 대통령은 정부 이름을 '참여정부'라고 정했다. 그것은 국민 누구나 주인으로 참여하는 열린 정부라는 뜻을 담고 있었다. 노 대통령은 대통령이 된 지 얼마 안 되었을 때 장관을 비롯한 정부 관리들을 모아 놓고 말했다.

"우리 참여정부는 내가 취임사에서 말한 대로 할 것입니다. 대통령과 국민이 함께 하는 민주주의를 지향할 것입니다. 더불어 사는 균형 발전 사회, 평화와 번영의 동북아 시대를 열어 가기 위한 정책을 펴 나갈 것입니다. 그리고 이제까지 대통령이 권위적으로 행한 모든 특권들을 벗어던질 것입니다."

대통령의 말씀은 받아들이기에 따라서는 사실 엄청난 것이었다. 대통령직은 대한민국에서 가장 힘 있는 권력을 쓸 수 있는 자리인데, 대통령이 스스로 그 권력을 쓰지 않겠다고 한 것이었다.

노무현 대통령은 언제나 원칙과 소신이 분명한 정치인이었다. 자신이 옳다고 여기는 것은 비록 손해를 보더라도 실천하였다. 그래서 대통령으로 있으면서 수많은 시련과 역경을 맞이했다.

노 대통령은 대통령이 되자마자 '대통령 특별교부금'의 사용을 금지했다. 특별교부금은 나라에 재난이 발생하거나 급하게 예산을 써야 할 일이 생기면 대통령이 누구의 간섭도 받지 않고 사용할 수 있는 돈이었다.

그러한 특별교부금을 노 대통령 이전의 대통령은 일종의 통치 수단으로 쓴 적이 많았다.

예를 들면 대통령이 어느 지역을 갔을 때 지역 주민들이 건의하는 사항, 이를테면 도로나 다리를 놓아 달라는 부탁을 하면 특별교부금으로 해결해 주었다. 특별교부금을 사용한다는 것은 대통령의 특권이기도 했다.

"대통령님, 특별교부금 사용을 금지하시면 안 됩니다."

비서들이 이런 말을 하면 노 대통령은 이렇게 말했다.

"특별교부금을 지금 당장 없애지 않고 사용하면 나중에는 정말 없애지 못합니다. 취임 초기에 없애야 완전히 없앨 수 있습니다."

노 대통령은 자신의 소신대로 특별교부금을 사용하지 않았다.

노 대통령은 또한 장관들을 임명할 때에도 뚜렷한 소신을 갖고 추진했다.

검찰의 개혁을 추진하기 위해 법무부장관으로, 검사 출신이 아닌 젊은 여성 변호사인 강금실 씨를 임명했다. 강금실 법무부장관은 사법고시 23회 출신으로 당시 김각영 검찰총장보다 무려 10기나 아래였다. 법무부장관은 검찰총장보다 윗자리였다.

"검찰총장보다 한참 기수가 아래인 여성 변호사를 법무부장관으

로 임명하다니……."

"여성 법무부장관이 얼마나 오래 버틸 수 있을까?"

사람들은 검찰의 서열을 파격적으로 깨트린 대통령의 인사에 대해 말이 많았다. 그러나 강금실 법무부장관은 주위의 걱정이나 시기에는 아랑곳없이 대통령과 마찬가지로 소신껏 일을 했다.

노 대통령이 장관을 임명할 때 가장 말이 많았던 사람은 시골 이장 출신인 김두관 남해군수를 행정자치부장관으로 임명할 때였다. 여기저기서 비난의 목소리가 들렸다.

"아니 대한민국에 인재가 그렇게도 없나요? 어떻게 시골 이장 출신을 행정자치부장관으로 임명할 수 있나요?"

"시골 이장 출신이 나라 전체를 살펴야 하는 장관 일을 얼마나 잘하는지 두고 봅시다."

노 대통령은 사람을 쓸 때 외모나 학벌, 경력을 그리 따지지 않았다. 오직 그 사람이 갖고 있는 능력을 중요하게 여겼다. 그리고 한번 임명한 사람들을 끝까지 믿고 일을 맡겼다.

노무현 대통령은 대통령이라는 높은 자리를 낮추고 스스로 낮은 곳으로 내려와 국민과 함께 하는 서민 대통령이 되고자 했다. 노 대통령은 권위주의를 앞세운 이전의 대통령들과 달라지려고 했다.

"여당 총재직을 맡지 않겠습니다."

그러자 대통령의 비서진들이 펄쩍 뛰었다.

"대통령님, 권력 유지를 위한 수단을 그렇게 쉽게 내놓으시면 안 됩니다."

"아닙니다. 나는 이미 국민과 약속을 했습니다. 국회의원 공천권과 당직 임명권도 당 지도부에 돌려주겠습니다."

노 대통령의 이러한 조치들은 역대 대통령 가운데 유일하게 그를 '대통령의 주요 권력을 포기한 최고 권력자'가 되도록 하였다. 이렇듯 여러 면에서 개혁적이고 진보적인 정책을 펴는 노 대통령의 앞길에는 많은 시련과 도전이 기다리고 있었다.

대통령이 검찰과 언론을 개혁해야 한다고 하자 보수 언론들의 집중적인 견제가 시작되었다. 보수 언론들은 노무현 대통령이 계획하고 시행하는 정책을 객관적이고 냉정하게 분석하기보다는 어느 특정한 부분을 과장하고 깎아내리기 일쑤였다.

이라크 파병에 대한 찬반 논쟁이 뜨거웠고, 야당인 한나라당이 대통령을 탄핵하는 사태까지 벌어졌으며, 신행정수도 건설을 둘러싼 치열한 논쟁으로 나라가 크게 시끄러웠다.

2003년 3월 20일, 미국은 중동의 주요한 산유국인 이라크가 대량살상무기를 개발하는 것을 막는다는 구실로 전쟁을 벌였다. 역사 이래로 세상의 거의 모든 전쟁은, 평화를 지키기 위해 일으킨다는 모순을 안고 있다.

미국은 한국을 비롯한 동맹국들에게 군대를 보내 달라고 요청하였다. 파병 요청은 대통령의 지도력을 시험대에 올린 사건이었다.

이라크 파병에 대해 찬성과 반대 여론이 크게 일어났다. 대통령은 파병을 할 것이냐 말 것이냐 하는 문제를 두고 깊은 고민에 빠졌다. 대통령의 비서진 중에서도 파병을 강하게 반대하는 사람도 있었다.

대통령은 평소에 "대한민국은 자주독립국가로 미국의 요청을 받아들이지 않을 수도 있다"는 말을 하기도 했지만, 나라의 이익을 우선하기 위해서는 파병을 해야 한다고 결론지었다.

만약 대통령이 자신의 소신대로 파병을 하지 않았다면 한국과 미국 사이에 커다란 긴장을 불러일으킬 것은 불을 보듯 뻔했다.

미국은 한국전쟁 때는 물론 줄곧 미군을 한국에 보내 한국과 미국 사이는 그 어느 나라보다도 긴밀한 관계를 지켜 왔다. 따라서 대통령은 도덕적 판단으로는 파병을 하고 싶지 않았을지라도 국가 최고의 통치자로서는 파병을 해야만 하는 입장에 놓이게 된 것이었다.

또한 노 대통령이 자신의 지지 세력들이 거세게 반대하는 한미자유무역협정(FTA : 한국과 미국 사이에 무역 특혜를 부여하는 협정)을

맺기로 한 것도 나라를 위한 결단이었다.

이런 과정에서 노 대통령을 지지했던 세력 가운데 일부가 대통령이 변하고 있다면서 등을 돌리기도 했다. 그러자 대통령은 솔직한 생각을 털어놓았다.

"대통령 노릇을 해먹기 힘들다."

그러자 보수 언론들은 기다렸다는 듯이 벌떼처럼 달려들어 대통령을 흔들었다. 보수 세력은 언제나 개혁이나 진보보다는 자신이 갖고 있는 기득권을 지키기 위해 애를 써 왔다.

노 대통령의 참여정부는 개혁과 지역주의 극복에 대한 기대를 받고 출범하여 보수 세력과는 여러 관점에서 충돌을 일으켰다.

2004년 3월 12일, 한나라당이 중심이 되어 노 대통령을 탄핵했다. 탄핵은 대통령, 국무총리, 고급공무원, 법관 같은 공무원이 법을 위반했을 경우 국회에서 이를 심판하여 처벌하거나 파면하는 특별한 제도이다.

노 대통령이 기자회견을 할 때, 자신이 속한 열린우리당을 지지하는 발언을 했다는 것이 탄핵 사유였다. 한나라당과 일부 민주당 의원들이 탄핵안을 찬성하였으며 법원은 이를 받아들여 노 대통령은 직무 수행이 정지되었다.

참으로 안타까운 일이었다. 노 대통령은 대한민국 헌법이 만들어진 이후 국회에서 탄핵을 당한 첫 번째 대통령이 되었다.

5월 14일 헌법재판소가 탄핵안을 무효로 선고할 때까지 노 대통령은 63일 동안 대통령의 직무를 정지당하는 수모를 겪었다. 정치적인 발언 몇 마디를 꼬투리로 잡아서 탄핵 이유를 만든 것은 세계 어느 나라에서도 없던 일이었다.

하지만 막상 다수당이 탄핵을 발의하자, 국민들은 탄핵이 부당하다면서 노 대통령을 지지하는 촛불시위를 벌였다. 국민의 뜻을 무시한 정치권의 행동이 새로운 국면을 맞이하게 되었다.

2004년 4월 15일 탄핵 중에 치러진 제17대 총선에서 노 대통령의 열린우리당이 탄핵 반대 열풍을 타고 국회의원을 152명이나 당선시켰다. 열린우리당은 국회 과반수를 넘는 제1당이 되었다.

그런 정치적인 변화 속에서 노 대통령은 경제에 대해서도 원칙을 지키려고 했다. 노 대통령은 사회적으로 소외되어 힘겹게 살아가는 서민들에게 희망을 주는 정치를 하려고 했다.

노 대통령은 경제 정책을 쓸 때에도 중요한 원칙을 지켜 나갔다. 그리하여 경제가 어려워진다고 해서 일시적인 처방을 하지 않았다. 그러자 국민들이 실제 몸으로 느끼는 경제 지표들은 그리 좋게 나오지 않기도 했다.

하지만 노 대통령이 우리 경제의 체질을 높이고 투명한 정책을 쓴 것은 누구나 인정하게 되었다. 그래서 참여정부가 끝날 무렵에는 주가 2천, 외환보유고 2천 5백억 달러, 무역 6천억 달러, 1인당 국민소득 2만 달러 시대를 열었다. 이러한 경제 지표는 우리나라가 선진국 문턱에 들어서고 있다는 것을 보여 주었다.

참여정부는 여러 가지 사회복지정책으로 우리나라가 더욱 안정적이고 알찬 나라가 될 수 있도록 하였다. 그러나 노무현 대통령을 싫어하고 무작정 반대하던 사람들은 그의 정책이 실패했다고 떠들어 댔다.

노 대통령은 어느 인터넷 신문과 인터뷰를 할 때 이런 말을 하였다.

"사실은 경제에 대해서 내가 얼마나 골머리를 앓고 열심히 했습니까? 경제 하나만은 정말 열심히 했습니다. 열심히 했는데, 신문에서 안 했다고 하니까 또 안 한 것이 돼 버렸습니다. 어떤 신문에서는 나를 보고 '경포대'라고 한다더군요. '경제를 포기한 대통령'을 그렇게 부른다지요. 그런 말이 유행을 해 버리니까 경제를 안 한 대통령이 돼 버렸어요. 실제로는 참 열심히 했는데……. 제대로 알려지지 않는 게 많이 아쉽지요."

원칙과 소신을 지킨 노무현 대통령은 퇴임을 얼마 남겨 두지 않은 때에 한 인터뷰에서 이렇게 말했다.

"바보! 그 동안 사람들이 저에게 붙여준 별명 중에서 제일 마음에 드는 별명입니다. 정치하는 사람들이 '바보 정신'으로 정치하면 잘될 거라고 생각합니다. 가까운 이익에 비추어 보면 손해인데, 멀리 비추어 보면 이익인 것이 많습니다. 눈앞의 이해관계로 판단하니까 이기적인 행동이 나오고 영악한 행동이 나오는 것이지요. 어쨌든 '바보' 하는 그거요, 저는 바보로 불리는 게 좋습니다."

노무현 대통령은 결국 똑똑한 바보 대통령이었다.

노 대통령은 가난하고 소외된 사람들을 볼 때면 진심으로 대하며 마음 아파했다. 그는 부당하게 자신을 모함하거나 왜곡하는 어느 누구에게도 고개를 숙이지 않았다. 오로지 국민에게만 고개를 숙인 대통령이었다.

노무현 대통령은 재임 시절 내내 민주주의가 꽃 피고, 사람 사는 세상을 만들기 위해 노력했다. 그는 자신이 그렇게 할 때 비로소 지역과 계층의 벽이 허물어지는 평등하고 평화로운 세상이 된다고 굳게 믿었다.

노 대통령의 뚜렷한 업적 가운데 하나는 남북 관계를 평화롭게 잘 이끌었다는 것이다.

경제 사정이 좋지 않은 북한은, 걸핏하면 전 세계를 향해 핵무기를 개발하겠다고 위협을 하였다. 그럴 때마다 우리나라는 물론 전 세계 사람들이 긴장하였다.

　노 대통령은 우리나라뿐만 아니라 세계 평화를 위해 무슨 일이 있어도 북한의 핵무기 개발을 막아야 한다고 생각했다. 노 대통령이 나라를 다스린 이후 남한과 북한의 교류는 양적으로나 질적으로 크게 확대되었다.

　남북 교역량은 2005년에 10억 달러를 넘어섰다. 특히 2005년부터 남과 북을 오고 가는 사람이 10만 명을 넘어섰다. 남한에서 운영하는 북한지역 개성공단 기업에는 북한 근로자가 1만 8천 명이 넘게 일하였다.

　남북관계는 오랜 동안 막혀 있었으며 걸핏하면 정치적인 논리에 휩싸여 삐걱거리기 일쑤였다. 노 대통령은 취임 초부터 남북 정상회담에 관심을 가지고 있었다. 노 대통령 이전에 김대중 대통령이 2000년 6월에 북한의 김정일 국방위원장과 첫 정상회담을 하여 남북 화해의 길을 터놓았다.

　마침내 남과 북은 경제 공동체 추진을 위해 남북정상이 자주 만나야 한다는 결론을 내놓았다. 드디어 2007년 10월 2일부터 4일까지 평양에서 남북정상회담이 열렸다.

　노무현 대통령은 남북정상회담을 위해 비행기가 아닌 자동차를 이용해 평양에 가기로 했다. 남과 북이 만나는 지점에는 군사분계선이 있다. 그 군사분계선을 노무현 대통령은 직접 걸어서 넘어갔다. 남북 분단이 있은 이후로 처음 있는 일이었다.

국가원수인 노무현 대통령과 영부인 권양숙 여사가 최초로 군사분계선을 밟는 역사적인 순간은 전 세계에 보도되었다. 노 대통령은 북한의 김정일 국방위원장과 정상회담에서 많은 이야기를 나누고 남북한의 평화를 위한 성과를 올렸다.

이때 일부 사람들은 노 대통령이 다음번 대통령 선거에 이용하기 위해 남북정상회담을 한 것이라고 비난하기도 했다. 그러나 노무현 대통령의 마음속에는 오직 나라의 평화와 번영 그리고 통일을 위한 새로운 장을 열겠다는 생각뿐이었다.

남북정상회담을 할 때는 여러 가지 상황과 이야기가 있었다. 그 가운데 특히 빼놓을 수 없는 이야기가 하나 있다.

남북정상회담은 너무나 중요한 국가 행사이기에 미리 꼼꼼하게 계획을 세워 놓고 진행하였다. 회담이 열리는 마지막 날, 북한의 김정일 국방위원장이 노무현 대통령에게 느닷없는 제안을 하였다.

"하룻밤 더 쉬었다 가시지요. 대통령이 그것도 마음대로 결정하지 못합니까?"

그것은 미처 누구도 예상하지 못한 말이었다. 노 대통령이 난처한 입장이 될 수도 있는 물음이었다. 이때 노 대통령은 부드럽게 웃고 특유의 몸짓을 하며 이렇게 말했다.

"큰 것은 내가 결정하지만, 작은 것은 내 마음대로 결정하지 못합니다."

그러면서 하룻밤 더 묵어가는 것은 행사를 맡은 의전팀, 경호팀과 상의해야 한다고 말했다. 누구도 예상치 못한 김 위원장의 제안에 대한 노 대통령의 대답은 대한민국 국민 모두에게 커다란 믿음을 주었다.

노무현 대통령은 김 위원장과 함께 평양 백화원 영빈관에서 '남북 관계 발전과 번영을 위한 선언'에 서명하였다.

선언문에는 2000년 김대중 대통령과 김정일 국방위원장 사이에 가졌던 6·15 남북 공동선언을 더욱 깊이 있게 발전시켜 조국의 평화통일을 실현하기 위한 구체적인 조치들을 담았다. 그것은 민족 공동의 번영과 통일 조국을 위한 구체적인 설계도였다.

이러한 남북정상회담은 국민들에게 아무리 복잡하고 어려운 일이 있어도 대화와 타협으로 새로운 남북 관계를 발전시켜 나갈 수 있다는 희망을 주었다.

남북정상회담을 마치고 얼마 되지 않아 노 대통령의 퇴임이 가까워졌다. 퇴임 후 어떤 일을 할 것이냐는 질문에 대한 노 대통령의 대답은 한결같았다.

"농촌으로 돌아가 아이들에게 희망을 주는 삶을 살겠다."

노 대통령의 그런 소박한 바람은 국민에게 노 대통령을 더욱 서민적이고 친근하게 여길 수 있도록 하였다.

## 고향 봉하 마을로 돌아가다

2008년 2월 25일, 5년 임기를 마친 노무현 대통령은, 후임자인 이명박 대통령의 취임식에 참석한 뒤, 서울역에서 KTX 고속열차를 타고 밀양을 거쳐 고향 봉하로 돌아갔다.

노무현 대통령의 고향, 경상남도 김해시 진영읍 봉하 마을.

"퇴임 후에는 숲을 가꾸며 시를 쓰고 싶다."

노 대통령은 재임 중에도 그런 말을 자주 했다. 특히 2005년 중남미를 순방할 때도 그런 말을 한 적이 있다. 그 말을 들은 사람들은 대통령을 지낸 사람이 시골 고향으로 내려간다는 것이 그리 쉬운 일은 아닐 거라고 말했다.

그러나 노 대통령은 고향으로 돌아가겠다는 약속을 지켰다. 노 대통령은 대통령직에서 퇴임한 뒤 고향으로 내려간 첫 대통령이 되었다.

청와대 주인에서 봉하 마을의 평범한 주민이 된 대통령. 마을 사람들은 대통령을 열렬히 환영하였다. 그리고 1만 명이 넘는 사람들이 봉하 마을에 모여들었다. 노 대통령은 자신을 환영하러 온 사람들에게 말했다.

"지난 5년 동안 대통령직을 좀 잘했으면 어떻고 못했으면 어떻습니까! 그냥 열심히 일했으니 예쁘게 봐 주십시오. 오늘 제가 딱 맘 놓고 하고 싶은 이야기 한마디 하겠습니다."

사람들은 매우 궁금해 하는 눈빛으로 노 대통령을 바라보았다. 그러자 노 대통령은 특유의 익살스런 표정을 지으며 한 호흡을 멈추고 소리쳤다.

"야, 기분 좋다!"

노 대통령은 그 한마디로 지난 5년 동안 대통령의 어깨를 짓눌렀던 짐을 내려놓았다.

사람들은 그런 그에게 환호하며 아낌없는 박수를 보냈다. 다음 날 노 전 대통령은 부인 권양숙 여사와 함께 주민등록 이전 신고를 해서 정식으로 진영읍민이 되었다.

자신이 태어나고 자란 고향은 누구에게나 소중한 곳이라는 것은 새삼 말할 필요도 없다. 노 전 대통령에게 봉하 마을은 어머니의 품과도 같은 고향이었다.

봉하 마을에는 노 대통령의 어린 시절에 같이 자란 사람들이 농사를 지으며 살고 있었다. 대통령은 어릴 적 동무들과 반갑게 인사하고 마을 선배들에게는 공손하게 예의를 갖추었다.

"동네 어르신들! 새로 농사를 배우러 온 초보 농사꾼입니다. 잘 가르쳐 주십시오."

노 전 대통령이 고개를 숙여 인사하자 모두들 큰 박수를 쳤다. 그날부터 노 전 대통령은 마을을 돌아다니며 농사일을 배우고 가르쳤다.

어떤 사람은 그런 대통령을 보고 이렇게 말했다.

"진짜 농사꾼이 되시려고 하나 봐!"

노 전 대통령은 마을을 돌아다닐 때 자전거를 타고 다녔다. 어릴 적 놀이터였던 봉화산에 올라 소나무 가지치기도 하고, 장군차 나무를 심고, 마을 앞 화포천을 가꾸었다.

노 전 대통령은 얼마 되지 않아 너무도 자연스럽게 농촌 생활에 적응하였다. 집안을 정리하고 청소하는 일도 직접 하였다. 처음 얼마 동안은 대통령을 지낸 분이 걸레를 들고 청소를 하자 비서들은 몸 둘 바를 몰랐다. 그러나 그 모습이 바로 노 전 대통령에게는 너무도 자연스러운 것이었다.

대통령으로 일할 때도 그랬듯이 모든 허세나 권위를 벗어던지고 보통의 할아버지, 보통의 남편, 보통의 아버지 모습이 노 전 대통령에게는 훨씬 더 어울렸다. 국민들은 가끔 뉴스를 통해 노 전 대통령이 봉하 마을에서 고향 사람들과 어울려 소탈하게 살아가는 모습을 보고 큰 감동을 받았다.

60대 초반인 노 전 대통령이 봉하 마을로 돌아가면서 목표로 둔 것은 두 가지였다. '생태 농촌 만들기' 그리고 '시민 민주주의 발전'을 위한 일을 하는 것이었다.

그래서 노 전 대통령은 낮에는 들에 나가 일을 하고 밤에는 책을 읽거나 글을 썼다.

노 전 대통령은 봉하 마을에서 우리나라에 그리 많이 알려지지 않은 오리농법(오리를 이용하여 해충과 잡초를 제거하는 농사법)을 이용하여 '친환경 봉하 오리 쌀' 농사를 시작하였다.

노 전 대통령은 점퍼 차림으로 밀짚모자를 쓴 채 자전거를 타고 마을 앞 화포천 둑길을 달렸다. 그런 대통령이 환하게 웃는 모습은 누가 보아도 행복해 보였다.

그때부터였다. 사람들은 그런 대통령을 직접 보고 싶어 했다. 조용하기만 하던 봉하 마을에 때 아닌 관광버스들이 몰려들었다.

"대통령님, 보고 싶어요!"

"대통령님, 나와 주세요!"

봉하 마을, 노 대통령의 집 앞으로 몰려든 사람들은 입을 모아 대통령을 소리쳐 불렀다. 농부가 된 대통령을 보기 위해 몰려든 사람은 유치원 꼬마는 물론 남녀노소 구분이 없었다. 그들은 모두 기대와 설렘으로 노 대통령을 만나 보고 싶어 했다.

"안녕하십니까? 여러분 반갑습니다."

사람들 앞에 나타난 대통령은 영락없는 농부의 모습이었다. 방문객들은 환호성을 지르며 기뻐했다. 텔레비전에서나 볼 수 있었던 대통령을 바로 앞에서 볼 수 있다는 것이 마냥 신기하기만 했다.

사람들은 평일에도 찾아오고 휴일에는 더욱 더 많이 찾아왔다. 노 대통령은 휴일이면 몇 차례씩 불려 나와 방문객들과 인사를 했다. 어떤 날에는 열한 차례나 불려 나온 적도 있었다.

어떤 사람이 대통령에게 물었다.

"대통령님, 이렇게 불쑥 찾아오는 게 귀찮지 않으세요?"

그때 대통령은 이렇게 대답했다.

"손님이 찾아오면 당연히 나와 봐야지요. 귀찮은 게 뭡니까? 반갑지요."

사람들은 바로 이웃집 아저씨, 할아버지 같은 대통령을 보며 즐거워했다. 대통령은 방문객들과 악수를 하고 같이 사진도 찍어 주었다. 아이들과 사진을 찍을 때는 손가락으로 V 자를 해 보이며 개구쟁이 같은 표정을 지었다.

노 대통령의 그러한 모습이 인터넷과 방송을 통해 알려지자 봉

하 마을을 찾는 방문객이 더욱 늘어났다. 사람들은 몇 달 지나면 방문객이 줄어들 것이라고 여겼다. 그러나 그 예상은 모두 빗나갔다.

평일에는 천 명에서 3천 명쯤 되는 사람들이 봉하를 찾았다. 그리고 휴일에는 만 명이 넘는 방문객이 찾아와 봉하 마을은 전국에서도 인기 있는 관광지가 되었다.

봉하 마을에 온 사람들은 너무도 여러 가지 모습을 하고 있었다. 어린아이와 함께 온 가족이 가장 많았으며, 학생들, 휠체어를 탄 어른, 똑같은 모자를 쓴 아주머니와 아저씨들, 신혼여행 중인 신혼부부, 유치원생과 선생님들, 외국에서 온 가족들도 있었다.

그들은 노 전 대통령과 마주하며 이야기 나누는 것을 너무도 즐거워했다. 노 전 대통령은 사람들이 하는 이야기를 잘 들어주었다. 사람은 누구나 자신의 이야기를 들어주는 사람을 좋아했다.

노 전 대통령은 만나는 모든 사람들에게 희망과 격려를 아끼지 않았다. 노 전 대통령이 대통령으로 있을 때는 별로 좋아하지 않았는데, 봉하에 직접 와서 만나고부터는 너무도 좋아졌다는 사람도 많이 있었다.

노 전 대통령은 봉하 마을 앞에 심은 벼들이 오리와 함께 커 나가는 것을 보고 즐거워하였다. 특히 열심히 땀 흘려 일한 뒤에 마을 사람들과 어울려 막걸리를 마실 때면 너무도 흥에 겨워 노래가 저절로 나왔다.

　봉하에서만큼은 노무현의 오랜 꿈인 '사람 사는 세상'이 이루어지고 있었다.

　노 전 대통령은 봉하 마을을 예전보다 살기 좋은 마을로 만들기 위해 틈틈이 전국 농촌을 돌아다니며 연구했다. 연구 주제는 '생태 농촌 만들기', '시민 민주주의 발전'에 대한 것이었다. 노 전 대통령은 자신이 연구한 내용들을 인터넷에 '노공이산'이라는 필명으로 써서 올리기 시작했다.

　가을이 되자, 노 전 대통령과 봉하 마을 주민들이 함께 키워 낸 '노무현 표 봉하 오리 쌀'은 전국적으로 유명해져서 불티나게 팔려 나갔다.

　봉하 마을은 노 전 대통령과 함께 친환경농업을 하는 마을로 더욱 유명해졌다. 전국 여러 곳에서 많은 농민들이 봉하 마을을 찾아와 친환경농업을 배워 갔다.

# 너무 슬퍼하지 마라

 노 전 대통령이 고향 봉하 마을에서 새로운 인생을 시작한 해인 2008년이 저물어 갔다. 그리고 겨울이 왔다.
 겨울과 함께 대한민국 검찰과 언론에서는 노무현 전 대통령이 대통령으로 있으면서 행했던 지난 일들을 끄집어냈다.
 12월에 노 대통령의 형인 건평 씨가 이른바 세종증권 비리에 관련되어 구속되었다. 그것은 노무현 대통령을 궁지로 몰아가는 비극의 시작이었다.
 형 건평 씨가 구속되자, 노 전 대통령은 봉하 마을을 찾은 사람들에게 "따뜻해지면 돌아오겠다"는 말을 남기고, 자신을 찾아오지 말라고 하였다.

　그 뒤 노 전 대통령은 오랜 기간 가까이 지내면서 자신을 후원했던 박연차 회장으로부터 가족이 돈을 받은 혐의로 검찰 조사를 받게 되었다.

　검찰은 어떻게 해서든지 노 전 대통령을 욕보이려 했다. 노 전 대통령과 관련해서 얼마 지나지 않아 사실이 아닌 내용으로 밝혀진 것도 언론에 퍼트려 모욕을 주었다. 그것은 노 전 대통령의 도덕성과 깨끗한 이미지에 씻을 수 없는 상처를 주었다.

　오랫동안 노 전 대통령과 불편한 관계에 있던 검찰과 언론에서는 기다렸다는 듯이 날마다 노 전 대통령에 대한 좋지 않은 기사를 내보냈다.

노 전 대통령은 2009년 4월 22일 '사람 사는 세상' 홈페이지에 다음과 같은 글을 남겼다.

"이제 저는 민주주의나 진보, 정의를 말할 자격을 잃었습니다. 더 이상 여러분이 추구하는 가치의 상징이 될 수 없으며, 헤어날 수 없는 수렁에 빠져 버렸습니다. 여러분은 저를 버리셔야 합니다."

이 글은 세상 모든 것과 이별하는 것처럼 보였다.

노 전 대통령을 도와주었던 후원자들이 줄줄이 구속되었다. 또한 부인 권양숙 여사와 아들 건호 씨가 검찰의 수사를 받는 처지가 되었다.

결국 4월 30일, 노 전 대통령도 서울 검찰에 와서 조사를 받았다. 조사를 받고 봉하로 내려가는 노 전 대통령의 표정은 한없이 어두웠다. 그런 노 전 대통령의 모습을 바라보는 국민들의 표정도 어둡기는 마찬가지였다.

그렇게 우울한 5월이 오고 23일이 지난 뒤, 대한민국 국민들은 모두 커다란 충격의 소용돌이에 빠졌다.

2009년 5월 23일 새벽, 노 전 대통령은 고향 봉하 마을에 있는 봉화산 부엉이 바위에서 스스로 몸을 던져 세상을 떠났다. 그것은 너무나도 엄청난 사건이었다.

너무 많은 사람들에게 신세를 졌다.

나로 말미암아 여러 사람이 받은 고통이 너무 크다.

앞으로 받을 고통도 헤아릴 수가 없다.

여생도 남에게 짐이 될 일밖에 없다.

건강이 좋지 않아서 아무것도 할 수가 없다.

책을 읽을 수도 글을 쓸 수도 없다.

너무 슬퍼하지 마라.

삶과 죽음이 모두 자연의 한 조각 아니겠는가?

미안해하지 마라.

누구도 원망하지 마라.

운명이다.

화장해라.

그리고 집 가까운 곳에 아주 작은 비석 하나 남겨라.

오래된 생각이다.

노무현 전 대통령이 집을 나서기 30분 전에 평소 즐겨 쓰던 컴퓨터에 남긴 마지막 글이었다. 노무현 전 대통령의 파란만장했던 63년의 삶은 이렇게 마감되었다.

노무현 전 대통령을 추모하는 열기는 삽시간에 퍼져 나가 직접 빈소를 찾아와 조문을 한 사람이 5백만 명을 넘었다. 이는 세계적으로도 드문 일이었다. 사람들의 마음속에는 '지켜주지 못해서 죄송합니다.' 하는 생각이 물결쳤다.

노무현 전 대통령의 장례는 온 국민이 슬퍼하는 가운데 5월 29일 국민장으로 치러졌다.

노무현 전 대통령의 무덤은 봉화산이 내려다보고 있는 집 가까

운 곳에 있으며, 너럭바위에 '대통령 노무현' 여섯 글자가 새겨져 있다.

　노무현 전 대통령의 삶은 그렇게 허무하게 끝났지만, 노무현 대통령이 이루고자 했던 꿈과 가치를 실현하기 위해 '노무현 재단'이 만들어졌다.

　나라와 겨레를 위해 열정적으로 산 노무현은, 국민들 가슴 속에 영원히 살아남은 최초의 대통령이 되었다.

지은이의 말

# 사람 사는 세상을 꿈꾼 큰사람

2009년 5월 23일 아침.

노무현 대통령께서 돌아가셨다는 소식을 듣고 많이 슬펐어요.

사람은 누구나 사람에 대해 관심이 많지만, 작가는 특히 세상 모든 사람들에게 관심이 많습니다. 자기 자신보다는 다른 사람을 위하고, 우리나라를 위해 바른 생각을 갖고 열심히 살아가는 사람에게는 더욱 많은 관심을 갖게 되지요.

노무현 대통령에 대해서는 이른바 그분이 '청문회 스타'가 되면서 조금씩 알게 되었어요. 그리고 '노사모'가 만들어지고, 마침내 대통령이 되어 여러 가지 새로운 정책을 펼치는 것을 보게 되면서, 그분의 소박한 인간미에 반하게 되어 사랑하면서 존경했습니다.

이 책은 그런 사랑과 존경의 마음으로 '노무현 대통령은 어떤 사람이었을까?' 하고 궁금해 하는 이들을 위해 쓴 것입니다.

가난한 농부의 아들로 태어나 변호사, 인권운동가, 정치인, 대통령이 되고, 고향 봉하 마을로 돌아가 행복한 농부로 산 노무현 할아버지…….

노무현 대통령은 우리나라를 살기 좋은 나라로 만들기 위해 참 많이 노력했어요. 특히 옳지 않고 정의롭지 않은 것에 대해서는 언제나 당당하고 굳센 용기로 맞섰어요.

그런 노무현 대통령이 젊은 시절부터 바라던 꿈은, 사람이 사람을 서로 도와주고 존중하며 함께 행복하게 어울리는 '사람 사는 세상'이었어요. 또한 노무현 대통령은 민주주의를 발전시키기 위해 틀에 박힌 고정관념을 깬 이웃집 아저씨같이 친근한 분이셨습니다.

저는 정말 운 좋게도 노무현 대통령을 만나 볼 수 있는 기회가 있었어요.

"저는 동화를 쓰면서 살고 있습니다."

그렇게 소개를 드리자 대통령께서는 제 손을 잡으시며 말씀하셨어요.

"세상에서 제일 좋은 일을 하네요. 어린이를 위한 좋은 동화를 많이 써 주세요."

존경하는 분으로부터 그런 격려를 받게 되어 얼마나 행복했는지 모릅니다.

이 책을 읽는 여러분은, 나라의 큰 어른이신 노무현 대통령이 안타깝게 우리 곁을 떠나신 이유에 대해서도 궁금한 게 무척 많을 거예요. 노무현 대통령이 돌아가신 데에는 개인적인 이유뿐만 아니라 우리나라의 정치·사회·언론 같은 복잡한 상황이 뒤섞여 있어요. 세월이 좀 더 흐른 뒤에 보다 더 분명하게 그 이유를 알 수 있을 거예요.

노무현 대통령이 살아온 이야기는 알면 알수록 흥미롭고 감동을 주는 내용이 많아요.

특히 독학으로 공부해서 변호사가 된 뒤 혼자 얼마든지 잘 먹고 잘 살아갈 수 있었어요. 그러나 그 길을 버리고 어렵고 힘든 사람들을 도와주고, 우리나라의 민주화를 위해 열정을 바치며 행동한 일은 결코 누구나 쉽게 흉내 낼 수 없을 거예요.

노무현 대통령은 대통령이 되어 처음 맞이한 '어버이날'(2003년 5월 8일)에 국민들에게 이런 편지를 보냈어요.

국민 여러분!

저에게는 희망이 있습니다. 어떤 어려움이 있더라도 꼭 이루고 싶은 희망이 있습니다.

그 하나는 이익 집단은 있지만 집단이기주의가 없는 대한민국입니다. 각자의 이익을 추구하지만 국가와 민족 앞에서는 한 발 물러나는 대한민국. 좀 더 가지고 덜 가진 것의 차이는 있지만 서로 돕는 대한민국. 동쪽에 살고 서쪽에 사는 차이가 있지만 서로 사랑하는 대한민국. 바로 화합으로 도약하는 대한민국입니다.

이처럼 '사람 사는 세상'을 꿈꾼 노무현 대통령은, 그를 사랑하는 국민들의 마음속에 영원한 대통령으로 살아 있을 거예요.

이 책이 노무현 대통령을 이해하고 사랑하는 데 보탬이 된다면 더 바랄 것이 없습니다.

2010년 봄에
심상우 씀

## 노무현 전 대통령 어록

"제가 생각하는 사회는, 사람들 모두가 먹는 것과 입는 것 걱정하지 않으면서 하루하루가 신명나게 이어지는 그런 세상입니다."

— 1988년 7월 8일 국회 첫 대정부 질문

"정의롭게 사십시오. 약자의 편에 서십시오."

— 1990년대 집회 현장에서 어느 대학생에게

"우리 아이들에게 결코 불의와 타협하지 않아도 성공할 수 있다는 증거를 꼭 남기고 싶었습니다."

— 1995년 6월 부산시장 선거 낙선 연설

"지도자에게는 판단력이 매우 중요합니다. 노를 열심히 젓는다고 해서 반드시 먼 길을 항해하는 것이 아닙니다. 올바른 방향이어야 조류에 대처하면서 항해가 성공할 수 있습니다. 그리고 일단 판단하면 결단할 줄 알아야 합니다."

— 2002년 9월 26일 노무현 후보 국가 경영 비전 토론회

"정직하게 열심히 일하는 사람들이 성공하는 진정한 보통 사람들의 사회를 만들어 나가겠습니다."

— 2002년 16대 대통령 당선 기자회견

"우리는 개인의 사람을 사는 것이 아닙니다. 시대와 역사, 아이들의 미래와 함께 사는 것입니다."

— 2003년 비서관 내정자 워크숍

"시장은 인간사회에 불가피한 것이지요. 그러나 '사람을 위한 시장'이 아니라 '시장을 위한 사람'의 삶을 만들어 낼 때, 공동체에게 시장을 위한 행동을 요구할 때, 가치의 위기가 발생합니다."

— 2007년 6월 원광대 특강 '민주주의 똑바로 하자'

"바보, 그동안 사람들이 붙여준 별명 중 제일 마음에 드는 별명입니다. 정치하는 사람들이 '바보 정신'으로 정치하면 나라가 잘 될 거라고 생각합니다."

― 2007년 10월 노무현 대통령 퇴임 인터뷰

"저는 다시 시민으로 돌아갑니다. 권력으로부터 떠나는 것이 아닙니다. 진정한 권력 속으로 다시 들어가는 것입니다."

― 2007년 대통령 퇴임을 앞두고

"패배를 받아들여야 민주주의가 이뤄진다. 강은 반드시 똑바로 흐르지는 않으며 굽이치고 좌우 물길을 바꿔가는 게 세상 이치지만 그러나 어떤 강도 바다로 가는 것을 포기하지는 않는다."

― 2008년 2월 24일 대통령 퇴임 고별 만찬

"한국의 민주주의는 갈 길이 조금 더 남았습니다. 우리 시민들이 할 몫이 있습니다. 그것은 참여입니다. 지난 20년 동안 한 번도 포기하지 않은 민주주의, 여러분이 밀고 가면 더 발전할 수 있습니다."

― 2008년 노무현 대통령 봉하 마을 귀향 환영행사

"민주주의 최후의 보루는 깨어 있는 시민의 조직된 힘이다."

― 2009년 노무현 대통령 묘역에 새긴 글

"민주주의든 진보든 국민이 생각하고 행동하는 것만큼 가는 것 같습니다."

― 2009년 진보주의 연구 유고 중에서

## 노무현 대통령 취임사

2003년 2월 25일

## 평화와 번영과 도약의 시대로

존경하는 국민 여러분,

오늘 저는 대한민국의 제16대 대통령에 취임하기 위해 이 자리에 섰습니다. 국민 여러분의 위대한 선택으로, 저는 대한민국의 새 정부를 운영할 영광스러운 책임을 맡게 되었습니다. 국민 여러분께 뜨거운 감사를 올리면서, 이 벅찬 소명을 국민 여러분과 함께 완수해 나갈 것임을 약속드립니다.

아울러 이 자리에 참석해 주신 김대중 대통령을 비롯한 전임대통령 여러분, 고이즈미 준이치로 일본총리를 비롯한 세계 각국의 경축사절과 내외 귀빈 여러분께도 심심한 감사를 드립니다.

특별히 이 자리를 빌려, 대구 지하철 참사 희생자 여러분의 명복을 빌면서, 유가족 여러분께도 깊은 위로를 드립니다. 다시는 이런 불행이 되풀이되지 않게, 재난관리체계를 전면적으로 점검하고 획기적으로 개선해 안전한 사회를 만들도록 최선을 다하겠습니다.

국민 여러분,

우리의 역사는 도전과 극복의 연속이었습니다. 열강의 틈에 놓인 한반도에서 숱한 고난을 이겨 내고, 반만년 동안 민족의 자존과 독자적 문화를 지켜 왔습니다. 해방 이후에는 분단과 전쟁과 가난을 딛고, 반세기 만에 세계 열두 번째의 경제 강국을 건설했습니다.

우리는 농경시대에서 산업화를 거쳐 지식정보화 시대에 성공적으로 진입했습니다. 그러나 지금 우리는 다시 세계사적 전환점에 직면했습니다. 도약이냐 후퇴냐, 평화냐 긴장이냐의 갈림길에 서 있습니다.

세계의 안보 상황이 불안합니다. 이라크 정세가 긴박합니다. 특히 북한 핵 문제를 둘러싼 국제사회의 우려가 고조되고 있습니다. 이럴수록 우리는 평화를 지키고 더욱 굳건히 뿌리 내리게 해야 합니다.

대외 경제 환경도 어려워지고 있습니다. 선진국들은 끝없이 새로운 영역을 개척하며 뻗어 가고 있습니다. 후발국들은 무섭게 추

격해 옵니다. 우리는 새로운 성장 동력과 발전 전략을 요구받고 있습니다.

우리 사회 내부에도 국가의 명운을 결정지을 많은 문제들이 가로놓여 있습니다. 이들 과제는 국민 여러분의 지혜와 결단을 기다리고 있습니다.

이 모든 도전을 극복해야 합니다. 우리는 해낼 수 있습니다. 우리 국민이 힘을 합치면, 못할 것이 없습니다. 그런 저력으로 우리는 외환위기를 세계에서 가장 빨리 벗어났습니다. 지난해에는 월드컵 4강 신화를 창조했습니다. 대통령선거의 모든 과정을 통해 참여민주주의의 꽃을 피웠습니다.


존경하는 국민 여러분,

이제 우리의 미래는 한반도에 갇혀 있을 수 없습니다. 우리 앞에는 동북아 시대가 도래하고 있습니다. 근대 이후 세계의 변방에 머물던 동북아가, 이제 세계 경제의 새로운 활력으로 떠올랐습니다. 21세기는 동북아 시대가 될 것이라는 세계 석학들의 예측이 착착 현실로 나타나고 있습니다. 동북아의 경제규모는 세계의 5분의 1을 차지합니다. 한·중·일 3국에만 유럽연합의 네 배가 넘는 인구가 살고 있습니다.

우리 한반도는 동북아의 중심에 자리 잡고 있습니다. 한반도는 중국과 일본, 대륙과 해양을 연결하는 다리입니다. 이런 지정학적 위치가 지난날에는 우리에게 고통을 주었습니다. 그러나 오늘날에는 오히려 기회를 주고 있습니다. 21세기 동북아 시대의 중심적 역할을 우리에게 요구하고 있는 것입니다.

우리는 고급 두뇌와 창의력, 세계 일류의 정보화 기반을 갖고 있습니다. 인천공항, 부산항, 광양항과 고속철도 등 하늘과 바다와 땅의 물류기반도 구비해 가고 있습니다. 21세기 동북아 시대를 주도적으로 열어 나갈 수 있는 기본적 조건을 갖추어 가고 있습니다. 한반도는 동북아의 물류와 금융의 중심지로 거듭날 수 있습니다.

동북아 시대는 경제에서 출발합니다. 동북아에 '번영의 공동체'를 이룩하고 이를 통해 세계의 번영에 기여해야 합니다. 그리고 언젠가는 '평화의 공동체'로 발전해야 합니다. 지금의 유럽연합과 같은 평화와 공생의 질서가 동북아에도 구축되게 하는 것이 저의 오랜 꿈입니다. 그렇게 되어야 동북아 시대는 완성됩니다. 그런 날이 가까워지도록 저는 혼신의 노력을 다할 것임을 굳게 약속드립니다.

국민 여러분,

진정한 동북아 시대를 열자면 먼저 한반도에 평화가 제도적으로 정착되어야 합니다. 한반도가 지구상의 마지막 냉전지대로 남은 것은 20세기의 불행한 유산입니다. 그런 한반도가 21세기에는 세계를 향해 평화를 발신하는 평화지대로 바뀌어야 합니다. 유라시아 대륙과 태평양을 잇는 동북아의 평화로운 관문으로 새롭게 태어나야 합니다. 부산에서 파리행 기차표를 사서 평양, 신의주, 중국, 몽골, 러시아를 거쳐 유럽의 한복판에 도착하는 날을 앞당겨야 합니다.

이제까지 우리는 한반도의 평화를 증진시키기 위해 많은 노력을 기울였습니다. 그 성과는 괄목할 만합니다. 남북한 사이에 사람과 물자의 교류가 일상적인 일처럼 빈번해졌습니다. 하늘과 바다와 땅의 길이 모두 열렸습니다. 그러나 정책의 추진과정에서는 더욱 광범위한 국민적 합의를 얻어야 한다는 과제를 남겼습니다. 저는 그동안의 성과를 계승하고 발전시키면서, 정책의 추진방식은 개선해 나가고자 합니다.

저는 한반도 평화증진과 공동번영을 목표로 하는 '평화번영정책'을, 몇 가지 원칙을 가지고 추진해 나가겠습니다. 첫째, 모든 현안은 대화를 통해 풀도록 하겠습니다. 둘째, 상호신뢰를 우선하고 호혜주의를 실천해 나가겠습니다. 셋째, 남북 당사자 원칙에 기초해 원활한 국제협력을 추구하겠습니다. 넷째, 대내외적 투명성을 높이고 국민 참여를 확대하며 초당적 협력을 얻겠습니다. 국민과 함께 하는 '평화번영정책'이 되도록 하겠습니다.

북한의 핵무기 개발 의혹은 한반도를 비롯한 동북아와 세계의 평화에 중대한 위협이 되고 있습니다. 북한의 핵 개발은 용인될 수 없습니다. 북한은 핵 개발 계획을 포기해야 합니다. 북한이 핵 개발 계획을 포기한다면, 국제사회는 북한이 원하는 많은 것을 제공할 것입니다. 북한은 핵무기를 보유할 것인지, 체제안전과 경제지원을 약속받을 것인지를 선택해야 합니다.

아울러 저는 북한 핵 문제가 대화를 통해 평화적으로 해결되어야 한다는 점을 거듭 강조하고자 합니다. 어떤 형태로든 군사적 긴장이 고조되어서는 안 됩니다. 북한 핵 문제가 대화를 통해 해결되도록, 우리는 미국 일본과의 공조를 강화할 것입니다. 중국 러시아 유럽연합 등과도 긴밀하게 협력해 나가겠습니다.

올해는 한미동맹 50주년입니다. 한미동맹은 우리의 안전보장과 경제 발전에 크게 기여해 왔습니다. 우리 국민은 이에 대해 깊이 감사하고 있습니다. 우리는 한미동맹을 소중히 발전시켜 나갈 것입니다. 호혜평등의 관계로 더욱 성숙시켜 나갈 것입니다. 전통 우방을 비롯한 다른 국가들과의 관계도 확대해 나가겠습니다.

국민 여러분,

동북아 시대를 열고, 한반도에 평화를 정착시키려면, 우리 사회가 건강하고 미래지향적이어야 합니다. 힘과 비전을 가져야 합니다. 그러자면 개혁과 통합을 위한 지속적 노력이 필요합니다. 개혁은 성장의 동력이고, 통합은 도약의 디딤돌입니다.

새 정부는 개혁과 통합을 바탕으로, 국민과 함께 하는 민주주의, 더불어 사는 균형발전사회, 평화와 번영의 동북아시대를 열어 나갈 것입니다. 이러한 목표로 가기 위해 저는 원칙과 신뢰, 공정과 투명, 대화와 타협, 분권과 자율을 새 정부 국정운영의 좌표로 삼고자 합니다.

우리는 각 분야의 새로운 성장 동력을 창출해야 합니다. 외환위기를 초래했던 제반 요인들은 아직도 극복해야 할 과제로 남아 있습니다. 시장과 제도를 세계기준에 맞게 공정하고 투명하게 개혁해, 기업하기 좋은 나라, 투자하고 싶은 나라로 만들고자 합니다.

정치부터 바뀌어야 합니다. 진정으로 국민이 주인인 정치가 구현되어야 합니다. 당리당략보다 국리민복을 우선하는 정치풍토가

조성되어야 합니다. 대결과 갈등이 아니라 대화와 타협으로 문제를 푸는 정치문화가 자리 잡았으면 합니다. 저부터 야당과 대화하고 타협하겠습니다.

과학기술을 부단히 혁신해 '제2의 과학기술 입국'을 이루겠습니다. 지식정보화 기반을 지속적으로 확충하고 신산업을 육성하고자 합니다. 문화를 함양하고 문화산업의 발전도 적극 지원하겠습니다.

이러한 국가목표에 부응할 수 있도록 교육도 혁신되어야 합니다. 우리 아이들이 입시지옥에서 벗어나 저마다의 소질과 창의력을 마음껏 발휘할 수 있게 해주어야 합니다.

경제의 지속적 성장을 위해서도, 사회의 건강을 위해서도 부정부패를 없애야 합니다. 이를 위한 구조적 제도적 대안을 모색하겠습니다. 특히 사회지도층의 뼈를 깎는 성찰을 요망합니다.

중앙 집권과 수도권 집중은 국가의 미래를 위해 더 이상 방치할 수 없습니다. 지방분권과 국가균형발전은 미룰 수 없는 과제가 되었습니다. 중앙과 지방은 조화와 균형을 이루며 발전해야 합니다. 지방은 자신의 미래를 자율적으로 설계하고, 중앙은 이를 도와야 합니다. 저는 비상한 결의로 이를 추진해 나갈 것입니다.

국민통합은 이 시대의 가장 중요한 숙제입니다. 지역 구도를 완화하기 위해 새 정부는 지역탕평 인사를 포함한 가능한 모든 조치를 취해 나갈 것입니다. 소득격차를 비롯한 계층간 격차를 좁히기 위해 교육과 세제 등의 개선을 강구하고자 합니다. 노사화합과 협력의 문화를 이루도록 노사 여러분과 함께 최선을 다하겠습니다.

노약자를 비롯한 소외받는 사람들에게 더 많은 관심을 기울이는 따뜻한 사회를 만들어야 합니다. 이를 위해 복지정책을 내실화하고자 합니다. 모든 종류의 불합리한 차별을 없애 나가겠습니다. 양성평등사회를 지향해 나가겠습니다. 개방화 시대를 맞아 농어업과 농어민을 위한 대책을 강구하겠습니다. 고령사회 도래에 대한 준비에도 소홀함이 없도록 하겠습니다.

반칙과 특권이 용납되는 시대는 이제 끝나야 합니다. 정의가 패배하고 기회주의자가 득세하는 굴절된 풍토는 청산되어야 합니다. 원칙을 바로 세워 신뢰사회를 만듭시다. 정정당당하게 노력하는 사람이 성공하는 사회로 나아갑시다. 정직하고 성실한 대다수 국민이 보람을 느끼게 해드려야 합니다.

존경하는 국민 여러분,
오랜 세월 동안 우리는 변방의 역사를 살아왔습니다. 때로는 자신의 운명을 스스로 결정하지 못하는 의존의 역사를 강요받기도 했습니다. 그러나 이제 우리는 새로운 전기를 맞았습니다. 21세기 동북아 시대의 중심국가로 웅비할 기회가 우리에게 찾아왔습니다. 우리는 이 기회를 살려 나가야 합니다.

우리에게는 수많은 도전을 극복한 저력이 있습니다. 위기마저도 기회로 만드는 지혜가 있습니다. 그런 지혜와 저력으로 오늘 우리에게 닥친 도전을 극복합시다. 오늘 우리가 선조들을 기리는 것처럼, 먼 훗날 후손들이 오늘의 우리를 자랑스러운 조상으로 기억하게 합시다.

우리는 마음만 합치면 기적을 이루어 내는 국민입니다. 우리 모두 마음을 모읍시다. 평화와 번영과 도약의 새 역사를 만드는 이 위대한 도정에 모두 동참합시다. 항상 국민 여러분과 함께 하겠습니다.

감사합니다.

# 이 책의 주인공 노무현 전 대통령은

| | |
|---|---|
| 1946. 8. 6 | 경상남도 김해시 진영읍 본산리에서 아버지 노판석 씨와 어머니 이순례 씨 사이에서 3남 2녀 가운데 막내로 태어나다. |
| 1959. 2 | 김해 진영 대창초등학교 졸업하다. |
| 1963. 2 | 김해 진영중학교 졸업하다. |
| 1966. 2 | 부산상고 장학생으로 들어가서 졸업(53회)하다. |
| 1971 | 강원도 인제에서 근무하고 육군 상병으로 제대하다. |
| 1973. 1 | 봉하 마을 친구, 권양숙 여사와 결혼하다. |
| 1973. | 맏아들 건호 태어나다. |
| 1975. 3 | 제17회 사법고시 합격하다. |
| 1976. | 맏딸 정연 태어나다. |
| 1977. 9 | 대전지방법원 판사가 되다. |
| 1978. 5 | 부산에서 변호사로 일하다. |
| 1981. 10 | 부림 사건 변호를 맡으며 '인권변호사'가 되다. |
| 1987 | 6월 항쟁 때 민주헌법쟁취국민운동 부산본부 상임집행위원장을 맡다. |
| 1987. 9 | 대우조선 사건으로 구속되다. 변호사 업무 정지되다. |
| 1988. 4 | 제13대 국회의원 당선(통일민주당 소속, 부산 동구)되다. |
| 1988. 12 | 제5공화국 비리 조사 특별위원회 위원으로 활동하다. 청문회 스타 되다. |
| 1989. 3 | 제도정치에 한계를 느끼고 의원직 사퇴서 제출하다. |
| 1990 | 3당 합당 반대하고, 작은 민주당 창당에 참여하다. |
| 1992. 3 | 제14대 국회의원 출마(민주당, 부산 동구)하여 떨어지다. |

| | | |
|---|---|---|
| 1993. 3 | | 민주당 최고위원(나이 가장 적음)되다. |
| 1995. 6 | | 부산시장(민주당) 출마하여 떨어지다. |
| 1996. 4 | | 제15대 국회의원(민주당 서울 종로) 출마하여 3등으로 떨어지다. |
| 1997. 11 | | 새정치국민회의에 들어가 부총재가 되다. |
| 1998. 7 | | 제15대 종로구 보궐선거에서 당선되다. |
| 1998 | | 어머니 돌아가시다. |
| 1998 | | 정치업무 표준화 시스템 '노하우2000'을 만들다. |
| 1999 | | 부산 출마를 밝히고 종로지구당을 그만두다. |
| 2000. 4 | | 제16대 국회의원(부산 북강서을)에 나와 떨어지다. |
| 2000. 8 | | 해양수산부장관이 되다. (2000. 8~2001. 3) |
| 2002. 4 | | 국민 참여 경선을 통해 민주당 대통령 후보가 되다. |
| 2002. 12. 19 | | 대한민국 제16대 대통령에 당선되다. |
| 2003. 2. 25 | | 제16대 대통령에 취임하다. |
| 2007. 10 | | 평양에서 김정일 국방위원장과 회담하고 10·4 공동선언 발표하다. |
| 2008. 2. 25 | | 대통령 임기 마치고 고향 봉하 마을로 돌아가다. |
| 2008. 10 | | 10·4 선언 1주년 기념식에 참여하여 강연하다. |
| 2009. 5. 23 | | 봉하 마을에서 서거하다. |